中华传统美德百字经

实·实事求是

于永玉 胡雪虎◎编

U0063112

一段历史之所以流传千古，是由于它蕴涵着不朽的精神；一段佳话之所以人所共知，是因为它充满了人性的光辉。感悟中华传统美德，获得智慧的启迪和温暖心灵的感动；品味中华美德故事，点燃心灵之光，照亮人生之路。

天津人民出版社

图书在版编目（CIP）数据

实：实事求是 / 于永玉，胡雪虎编 . —天津：天津
人民出版社，2012.6

（巅峰阅读文库 . 中华传统美德百字经）

ISBN 978-7-201-07594-5

Ⅰ．①实…　Ⅱ．①于…②胡…　Ⅲ．①品德教育—中
国—通俗读物　Ⅳ．① D648-49

中国版本图书馆 CIP 数据核字 (2012) 第 133788 号

天津人民出版社出版

出版人：刘晓津

（天津市西康路 35 号　邮政编码：300051）

邮购部电话：（022）23332469

网址：http://www.tjrmcbs.com.cn

电子信箱：tjrmcbs@126.com

永清县晔盛亚胶印有限公司印刷　新华书店经销

2012 年 6 月第 1 版　2012 年 6 月第 1 次印刷

690×960 毫米　16 开本　10 印张　字数：100 千字

定价：19.80 元

中国是一个具有悠久历史和灿烂文化的文明古国，也是举世闻名的礼仪之邦。在历史的长河中，中华民族创造出了绚丽多彩的物质文化和精神文化，为人类的发展和进步做出了重要贡献。其中，中华民族的传统美德被大家代代传承。

那么，什么是传统美德？什么是中华民族的传统美德呢？通常来说，传统美德就是在自觉或习俗的道德规范中，一些被大多数人所接受并实际奉行的，而且在现代仍有着积极影响的那些美德。具体到中华民族传统美德，概括起来就是指中华民族优秀的民族品质、优良的民族精神、崇高的民族气节、高尚的民族情感以及良好的民族礼仪等，是中华民族在历史实践过程中积累而成的稳定的社会优秀道德因素，体现在人们生活的方方面面，涉及政治、经济、文化、意识等领域，并通过社会心理结构及其他物化媒介得以代代相传。

前 言

经过长期的历史沉淀，中华传统美德已融入到中华民族的思想意识和行为规范中，成为社会道德文化的遗传基因，成为整个中华民族文化的精神内涵，也是中华五千年文明史的精髓所在。继承和弘扬中华民族传统美德，可以振奋民族精神，增强民族自尊心、自信心、自豪感和凝聚力，使社会主义道德规范具有更丰富的内涵，让社会主义、集体主义、爱国主义思想等更加深入人心，成为社会主义文化的主旋律。同时，还可以更好地协调人际关系，促进社会主义市场经济的健康发展，形成有中国特色的、适应社会发展的价值观和伦理道德规范。

国民的思想道德状况，尤其是青少年的思想道德状况，直接关系着一个国家、一个民族的整体素质，关系着国家前途和民族命运。目前，我国已进入改革发展的新时期新阶段，德育教育的价值和意义更是日渐凸显。大力弘扬中华传统美德，建设社会主义核心价值体系，促进社会主义文化的发展和繁荣，是建设全面小康社会的主要任务，更是实现中华民族伟大复兴的必然要求。因此，党中央非常注重我国公民道德建设，全社会也已形成了加强和改进思想道德建设的新风尚。

青少年是国家的希望，是民族不断发展和延续的根本，因此，青少年德育教育就显得更加重要。为了增强和提升国民素质，尤其是青少年的道德素质，我们特意精心编写了本套丛书——《中华传统美德百字经》。

本套丛书立足当前公民，尤其是青少年思想道德教育的现实，将中华民族的传统美德归纳为一百个字，即学、问、孝、悌、师、教、言、行、中、庸、仁、义、敦、和、谨、慎、勤、俭、恤、济、贞、节、谦、让、宽、容、刚、毅、睦、贤、善、良、通、达、知、理、清、廉、朴、实、志、道、真、立、忠、诚、公、正、友、爱、同、礼、温、信、尊、敬、恭、恕、责、仪、精、专、博、富、明、智、勇、力、安、全、平、顺、敏、思、积、利、健、率、坚、情、养、群、严、慈、创、新、变、革、争、谏、诲、齐、省、克、竞、求、简、洁、强、律。丛书内容丰富、涵盖性强，力图将中华民族传统美德的内涵囊括进去。丛书通过故事、诗文和格言等形式，全面地展示了人类永不磨灭的美德：诚实、孝敬、负责、自律、敬业、勇敢……

实·实事求是

这些故事在中华民族几千年的历史长河中，一直被人们用来警醒世人、提升自己，用做道德上对与错的标准；同时通过结合现代社会发展，又使其展现了中华民族在新时代的新精神、新风貌，从而较全面地展示了中华民族的美德。

在本套丛书中，为了帮助读者更好地理解这些源远流长的传统美德，我们还在每一篇故事后面给出了"故事感悟"，旨在令故事更加结合现代社会，结合我们自身的道德发展，以帮助读者获得更加全面的道德认知，并因此引发读者进一步的思考。同时，为丰富读者的知识面，我们还在故事后面设置了"史海撷英"、"文苑拾萃"等板块，让读者在深受美德教育、提升道德品质的同时，汲取更多的历史文化知识。

这是一套可以打动人心灵的丛书，也是可以丰富我们思想内涵的丛书……《中华传统美德百字经》向我们展示的是一种圣洁的、高尚的生活哲学。无论在任何社会、任何时代，给予人类基本力量的美德从来不曾变化。著名的美国政治家乔治·德里说："使美国强大的不是强权与实力，而是上帝赐予的美德。假如我们丢失了最根本且有用的美德，导弹和美元也不能使我们摆脱被毁灭的命运。"在今天，我们可能比任何时候都更应关心道德问题，尤其是青少年的道德问题，因为今天我们正逐渐面临从未有过的道德危机和挑战。

人生的美德与智慧就像散落的沙子，我们哪怕每天只收集一粒，终有一天能积沙成塔，收获一个光辉灿烂的明天。《中华传统美德百字经》中的美德故事将直指我们的内心，指向人性中善良的一面，唤起我们内心深处的道德感。因此，中华民

族的传统美德也一定会在我们的倡导和发扬之下，世世传承，代代延续！

全套丛书分类编排，内容详尽、文字优美、风格独具，是公民，尤其是青少年思想道德建设的优秀读物。愿这些恒久流传的美文和故事能抚平我们每个人驿动的心，愿这些优秀的美德种子能在青少年身上扎根、发芽、生长……

实·实事求是

实事求是是中华民族传统美德的重要内容。

实事求是就是从实际情况出发，恰如其分地、正确地对待和处理问题。

实事求是的基点是实。《说文解字》说："实，富也。"繁体字为實，从宀贯。贯为货物。《段注》解释说："以货物充于屋下，是为实。"《玉篇》也说："实，不空也。"所以《诗经·节南山》"有实其猗"解释为"满也"。引申开来实又有"诚也"、"塞也"（《广雅释诂》)、"成也"（《礼记·月令》)、"明也"、"质也"（《淮南子·泰族》)的意思。

实事求是是最接近真理的，一切事业的成功都是从实事求是开始的。无数历史事实表明：一个人是不是具有实事求是的品质，是考量这个人是否诚实、是否值得信任、事业能否成功的主要标准；一个政党是否具有实事求是的作风，是检验这个党能否提出正确的方针、政策，能否得到大多数人拥护的主要试金石；一个国家有没有实是求是的风气，是判断这个国家能否长治久安、人民能否安居乐业的重要尺度；一个民族有没有实事求是的传统，是认识这个民族能否兴旺发达、能否在世界民族之林有所作为的重要依据。

中国历史有许多因背离实事求是传统而失败的教训。周幽王烽火戏诸侯，弄虚作假，结果身亡国灭；宋康王自欺欺人，利令智昏，结果被楚国消灭；魏晋时士大夫空谈成风，结果"旧时王谢堂前燕，飞入寻常百姓家"；隋炀帝好大喜功，不顾国力、民力，大兴土木，大起干戈，结果被唐取而代之；明清时，统治者不顾工业革命后世界资本主义大发展的事实，盲目自大，搞闭关锁国，"片板不许入海"，结果被船坚枪利的列强敲开国门，陷入半封建半殖民地的深渊；中国工农红军在第五次反围剿的战役中，不顾敌强我弱的事实，"御敌于国门之外"，放弃毛泽东制定的"诱敌深入"的正确方针，最终丢掉根据地，被迫长征……

历史的经验，血的教训，我们不应忘记。

改革开放以来，党中央领导全国人民狠抓社会主义市场经济，坚持实事求是的作风，一切从实际出发，一切从国情出发，狠刹"浮夸风"、"报喜不报忧"的不良风气，杜绝"假大空"，国民经济直线攀升，人民生活水平显著提高，创造了令世界震惊的光辉业绩。中华民族实事求是的传统美德得到了很好的继承和发扬。

让我们自觉地坚持继承中华民族传统道德的精华，不断开拓进取，向更高更宏伟的目标迈进。

目录

ZHONGHUACHUANTONGMEIDEBAIZIJING

中华传统美德·百字经

实·实事求是

第一篇

不唯书　不唯上　只唯实

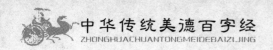
高允以实为准

◎以事实为准，不能以个人好恶而隐匿真相。——格言

崔浩（381—450年），字伯渊，小名桃简，清河郡武城（今河北清河县）人。白马公玄伯之长子。仕北魏道武、明元、太武帝三朝，官至司徒，参与军国大计，对促进北魏统一北方起了积极作用。被后人称颂为"南北朝第一流军事谋略家"。

东晋初年，鲜卑族拓跋部还是我国北部的一个游牧部落。后来其族吸收了中原文化，逐步建立了完整的封建经济制度。公元886年，鲜卑贵族拓跋珪建立了北魏，人称魏道武帝。魏道武帝建立北魏王朝以后，任用了一批汉族士人当他的谋士，其中名望最高的就是崔浩。

崔浩在北魏统一北方的战争中屡立奇功，受到北魏三代皇帝的信任。到魏太武帝即位以后，他担任司徒，掌握了朝政大权，还派了几十名汉族士人担任各地郡守。这样，他和鲜卑统治者之间就发生了矛盾。

魏太武帝派崔浩带几个文人编写魏国史。太武帝叮嘱他们，写国史一定要根据实录。

崔浩和他的同事按照这个要求，采集了许多资料，编写了一本魏国的国史。当时，皇帝编国史的目的本来只是留给皇室后代看的，但是崔浩手下有两个文人偏偏别出心裁，劝崔浩把国史刻在石碑上，顺带提高崔浩的声望。

崔浩自以为功大官高，没有什么顾虑，真的雇佣工人把国史刻在石碑上，还把石碑竖在郊外祭天坛前的大路两旁。

国史里记载的倒是史实，但是北魏先族的文化还十分落后，有些事情在当时看来是不体面的。过路的人看了石碑就纷纷议论起来。

北魏的鲜卑贵族认为这一做法丢了皇族的面子，就向魏太武帝告发，说崔浩写国史是成心揭朝廷的丑事。

魏太武帝本来已经嫌崔浩太自作主张，一听这件事，便大发雷霆，命令把写国史的人统统抓起来查办。

参加编写的著作郎高允是太子的老师。太子得到这个消息，着急得不得了，把高允找到东宫（太子居住的宫殿），跟他说："明天我陪你朝见皇上，如果皇上问你，你只能照我的意思答话，别的什么也别说。"

高允不知道是怎么回事，第二天就跟随太子一起上朝。

太子先上殿见了魏太武帝，说："高允这个人向来小心谨慎，而且地位比较低。国史案件全是崔浩的事，请陛下免了高允的罪吧。"

魏太武帝召高允进去，问他说："国史都是崔浩写的吗？"

高允老老实实地回答说："不，崔浩主管的事很多，国史只抓了个纲要，具体内容都是我和别的著作郎写的。"

魏太武帝转过头对太子说："你看，高允的罪比崔浩还严重，怎么能饶恕呢？"

太子又对魏太武帝说："高允见了陛下，心里害怕，就胡言乱语。我刚刚还问他，他说是崔浩干的。"

魏太武帝又问高允："是这样的吗？"

高允说："我犯了罪，怎么还敢欺骗陛下？太子刚才这样说，不过是为了想救我的命。其实太子并没问过我，我也没跟他说起过这些话。"

魏太武帝看到高允这样忠厚直率，敢于实话实说，心里也有点感动，对太子说："高允死到临头，还不说假话，这是难能可贵的。我赦免他的罪就是了。"

魏太武帝又派人把崔浩抓来审问。崔浩已经吓得面无人色，什么也答不上来。太武帝大怒，要高允起草一道诏书，把崔浩满门抄斩。

高允回到官署，犹豫了半天，也没有写出半个字来。太武帝派人一再催

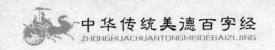

问，高允说："我要求再向皇上面奏一次。"

高允进宫对魏太武帝说："我不知道崔浩还犯了什么罪。如果仅仅是为了写国史，触犯朝廷，也不该判死罪。"

魏太武帝认为高允太不识好歹，吆喝一声，叫武士把他捆绑起来。后经太子再三恳求，太武帝气消后才把他放了。

事后，太子埋怨高允说："一个人应该见机行事。我替你告饶，你怎么反而去触怒皇上？我想起这件事，真有点害怕。"

高允说："崔浩做这件事私心重，是有错误的。但是，编写历史，记载帝王活动、朝政得失，这并没有错。再说，国史是我和崔浩一起编写的，出了事，怎能全推给他呢？殿下一心救我，我是十分感激的。但是要我为了活命而说违背良心的话，我是不干的。"

魏太武帝到底没有饶过崔浩，把崔浩和他的几家至亲满门抄斩。但是由于高允的直谏，没有株连到更多的人。

◎故事感悟

高允不惧任何权威，在任何情况下都敢说实话，并以实事求是为准则，坚持事情的实际情况。客观世界呈现给我们的是：好的东西，不会因为某些人讨厌它就变坏；坏的东西，也不会因为某些人喜欢它就变好。

◎史海撷英

魏太武帝南侵

北魏太平真君十一年（450年），魏太武帝制定了新的方略，为实现其美梦，决定南侵。他亲率大军，攻伐宋朝。此时，宋朝皇帝刘义隆在位已经27年，政权稳定，国力强盛，不是轻易可以对付的。

魏宋大战，魏兵拼了命也没能攻破宋国的重要城镇，最多只能在城外杀掠一番，用野蛮的屠杀和破坏寻找安慰。可是，烧杀掠抢，严重伤害了广大南朝民众，等到宋朝王师一到，百姓无不竭尽所能，帮助朝廷对付魏军。魏军在这些沉痛的打击下，死伤大半，战斗力迅速下降。魏太武帝实在回天无力，只好放弃目标，于出兵的第二年退兵。

◎文苑拾萃

鲜卑族

鲜卑族是我国古代的游牧民族，其先世是商代东胡族的一支。秦汉时从大兴安岭一带南迁至西刺木伦河流域。鲜卑族曾归附东汉，匈奴西迁后留在漠北的匈奴十多万户均并入鲜卑，势力逐渐强盛。

西元2世纪中叶，首领檀石槐被鲜卑各部推为"大人"，建立包括宇文、慕容、拓跋、段、乞伏等部的军事联盟，分东、中、西三部，各部均置大人统领。东汉遣使持印绶封檀石槐为王。鲜卑以游牧为生，善骑射，所制"角端弓"为古代有名的武器。檀石槐死后鲜卑部落联盟解体。十六国时期鲜卑的慕容、乞伏、宇文、拓跋等部都曾建立政权。特别是拓跋部于5世纪中建立北魏王朝，统治北部中国达一百四十余年，并竭力促使鲜卑人汉化，内迁的鲜卑人则逐渐转向农业并与汉族融合。

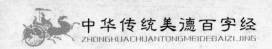
抗旨保玉匠

◎ "实事"就是客观存在着的一切事物，我们该去尊重它，维护它。——毛泽东

> 柳浑（715—789年）字夷旷，襄阳人，唐代名相。少孤，志学栖贫。举进士，为监察御史。后为袁州刺史，迁左散骑常侍。拜宣城县伯，加同中书门下平章事。著有文集十卷，有《新唐书艺文志》传于世。

唐朝贞元三年，柳浑任宰相。同年正月，德宗令玉匠制作衣带，玉匠不小心摔碎了一颗玉石，就私下买了一颗补齐，完工后交上去。

皇上指着这颗玉石说："为什么与原来的不一样？"玉匠赶忙认罪。皇上很生气，决定处死他。

诏书传到宰相府，柳浑执意不从，他入朝对皇上说："陛下现在要杀他就尽管杀，如果交给官府处理，就必须经过审理才能定案。即使是死罪，也得等到春天才能执行，请允许我回去按条例审判。"

后来，柳浑以误伤帝王玉器定罪，罚玉匠60杖，而后无罪释放。定案后上奏皇上，皇上迫不得已只好准奏。

◎故事感悟

柳浑的故事说明了"无规矩不成方圆"这个道理。依法办事、按规矩办事，本是法治社会的重要原则。这就要求我们在处理事务过程中要尊重事实，必须按照法律法规和道德水准办理，以实定论。

◎史海撷英

柳浑知晓边境事

柳浑与吐蕃订盟约于平凉（今甘肃省辖县）。有人认为，此约可保百年无事。而浑却跪谏说："吐蕃人面兽心，不可信。"皇帝变色说："浑，儒生，不晓边境之事。"果不出浑所料，夜半，邠宁（今陕西省彬县）节度使飞奏朝廷，吐蕃反，"将校皆覆没"。

次日，皇帝慰勉柳浑说："你是一儒士，竟知万里以外的敌情，可嘉。"于是柳浑更受人敬重。

◎文苑拾萃

"十恶"罪名

严重危害封建专制制度和统治秩序的十种最严重的犯罪统定为十恶。这些罪名在秦汉以后逐渐形成，到北齐把它们统定为重罪十条，到《开皇津》将其改为十恶，从此就有了"十恶"的条目，一直沿用到清朝。十恶一般不被赦免，叫做"十恶不赦"。十恶是谋反、谋大逆、谋叛、恶逆、不道、大不敬、不孝、不睦、不义、内乱。

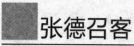

张德召客

◎事实胜于雄辩。——毛泽东

> 武则天（624—705年），中国历史上唯一一位正统的女皇帝（唐高宗时代，民间起义，曾出现一个自称女皇帝的陈硕真）。唐高宗时为皇后（655—683年）、唐中宗和唐睿宗时为皇太后（683—690年），后自立为武周皇帝（690—705年），改国号"唐"为"周"，定都洛阳，并号其为"神都"，史称"武周"。同时，武则天也是一位女诗人和政治家。

长寿元年五月初一，武则天因信奉佛教，下令禁止天下宰杀牲畜和捕捉鱼虾。后来，江淮地区闹旱灾，粮食颗粒无收，百姓因为禁令而不能捕鱼捉虾，饿死了很多人。

右拾遗张德，家里生个男孩儿，他非常高兴，就在孩子出生后的第三天私下宰了一只羊宴请同事。补阙杜肃也被邀请赴宴，可在吃饭时他却偷偷地藏起一个肉饼，回朝后以此为证据上书，告发了张德私下杀羊的事情。第二天，武则天在朝廷上对张德说："听说你生了个男孩儿，很高兴。"

张德跪拜致谢。

武则天又说："你从哪儿弄来的肉？"

张德只得说了实话，并且叩头服罪。

武则天说："我禁止屠宰，但喜事、丧事是例外的，不受干预的；不过你宴请客人，也必须有所选择呀！"说完拿出杜肃揭发的材料让张德看。

当时弄得杜肃真是无地自容，难堪极了，整个朝廷里的官员都很看不起他。

◎故事感悟

对于那些犯过错误却能实事求是认错的人，我们要持宽容的态度，同时也该佩服和学习他们这种敢于认错、尊重事实的精神。但是，对于那种明争暗斗、想方设法排挤别人的人，我们也该敢于同其作斗争。

◎史海撷英

武则天的举措

武则天称帝后，大开科举，破格用人；奖励农桑，发展经济；知人善任，容人纳谏。她掌理朝政近半个世纪，社会稳定，经济发展，为后来的"开元盛世"打下基础。但是，武则天逼害王后萧妃，杀害亲子，大封武氏诸王，重用酷吏，严刑峻法，冤狱丛生，也相应地受到了历史的谴斥。

◎文苑拾萃

武则天封嵩山

女皇武则天曾十次登嵩山，最后一次是公元 700 年。那日，武则天携群臣在嵩山极峰投金简一通，内容为："上言大周国主武曌好乐真道，长生神仙，谨诣中岳嵩高山门，投金简一通，乞三官九府，除武曌罪名。"之后，又携文武百官到石淙河欢宴。1982 年 5 月，登封一位采药的农民捡到武则天当年投下的金简，这为研究武则天封嵩山提供了"黄金佐证"。

刘晏审案

◎实事求是，是一种适用于任何行业、任何人群的一种敬业的精神。

刘晏（约716—780年），字士安，曹州南华（今东明县）人。唐代著名的经济改革家和理财家。幼年才华横溢，号称神童，名噪京师，明朝时列名《三字经》。历任吏部尚书同平章事、领度支、铸钱、盐铁等使。实施了一系列的财政改革措施，为安史之乱后的唐朝经济发展作出了重要的贡献。因谗臣当道，被敕自尽。

唐朝大历十二年三月，宰相元载犯了重罪。被杀之前，朝廷派吏部尚书刘晏主持审讯。

由于元载长期专权，广结党羽；同时此案重大，因此刘晏不敢一人专断，奏请增派大臣共同审理。于是皇上派御史大夫李涵、右散骑常侍肖昕、兵部侍郎袁惨、礼部侍郎常衮、谏议大夫杜亚协同审问，结果元载彻底服罪。

起初皇上曾下令将门下侍郎、同平章事王缙也处以死刑，刘晏对李涵等人说："重刑应该反复调查、推究审理，这是国家的常法。况且诛杀大臣的大案，怎能不奏明皇上就轻易判决呢？再说，法律规定有主有从，如果两人同时犯罪，就应该杀掉主犯，而从轻处罚罪轻的从犯。"李涵等人依从了他的话。后来刘晏等人将复审情况上奏，代宗才对王缙从轻发落。王缙得以存活，是刘晏为他平反的结果。

◎故事感悟

就因为刘晏讲事实，遇事不专断，才能使王缙得以沉冤昭雪。这个故事也告诉我们，对任何事情的处理，都一定要力求事实，不专断、不感情用事，这样才能将事情处理妥当。

◎史海撷英

刘晏改革盐政

唐初，对盐实行自由贩卖，不收盐税。后实行国家专卖，官府大幅提高盐价，贪官污吏甚至还抓夫抓差无偿运盐，勒逼百姓，中饱私囊。人民怨声载道，恨透食盐专卖。同时政府盐务机构庞大，开支惊人。刘晏大力削减了盐监、盐场等盐务机构，又调整了食盐专卖制度，改官收、官运、官销为官收、商运、商销，统一征收盐税，改变了肃宗时规定的官运官卖的盐法。后来盐价下跌，万民称颂，税收也缴增。

◎文苑拾萃

唐朝的死刑复奏制度

死刑复奏制度最早出现在隋朝。《隋书·刑法志》载："开皇十五制：死罪者，三奏而后决。"就是说，通过三次奏请才能决定是否最终处以死刑。到了唐朝，死刑复核制度得到延续。唐太宗为避免错杀，又将行刑前的"三复奏"更改为"五复奏"。即决前一天两复奏，决日当天三复奏。唐太宗死刑复奏有点类似于今天的死刑复核，因此说唐太宗是死刑复核制度的老祖宗毫不为过。

晏殊诚辩闭门读书

◎大丈夫处世，当扫除天下，安事一室乎？——汉·陈蕃语

> 晏殊（991—1055年），字同叔，北宋前期婉约派词人之一。抚州临川文港乡人。十四岁时就因才华洋溢而被朝廷赐为进士，之后到秘书省做正字。北宋仁宗即位之后，升官做了集贤殿学士。性刚简，自奉清俭。能荐拔人才，如范仲淹、欧阳修均出其门下。他生平著作相当丰富，计有文集一百四十卷，主要作品有《珠玉词》。

自小聪明过人的晏殊，七岁就能出口成章，被人誉为"神童"。这个"神童"的名声不胫而走，传进了皇帝的耳朵。于是皇帝特召晏殊进京。皇帝为了亲眼看看"神童"的本领，就让他参加了科举考试。从此，晏殊一举成名。

后来，晏殊被皇帝破格任用为翰林。

一次，朝廷的大小官员都到京城的郊外去游玩，并举行了盛大的宴会，但人们在宴会上没见到晏殊。时间长了，众人发现，无论什么宴会，几乎都见不到晏殊的影子。他在做什么呢？原来晏殊都是在家里同兄弟们一起读书作文章。

这种情况也传到了皇帝的耳朵里。这天，皇帝把朝廷的许多官员召到了便殿，对满朝大臣说："今天，朕要告诉你们一件事。"

众人屏气静听。

"朕要为太子选一位老师。"

众人头脑里飞快地转动着可能的人选，准备皇帝问到自己时奏对。

"你们看哪位卿家合适呢？"

大家不知道皇上想选什么样的人，更不知道皇上心里是否有谱，大臣们谁也没说话。

"这个人，"皇帝扫视众人一遍，笑着说，"不必众卿家推举，朕已经选好了。"

是谁呢？大家都在猜。

"朕要选晏殊做太子的老师。"皇帝看着晏殊说。

晏殊忙跪倒谢恩。

皇帝对晏殊说："朕知道，晏卿常常闭门读书，不参加各种宴会。这样忠厚谨慎、不喜游乐嬉戏的人放在太子身边非常合适。众卿家以为如何？"后边的话是对众人说的。

不少人心里想，晏殊得到圣上的赞誉，这下可是前途无量了。

"启奏陛下，"晏殊说话了，"陛下只知其一，不知其二。臣晏殊并非不愿游玩，也并非不愿参加宴会，只是因为我家贫穷，无力办到。臣如果有钱，也会像别人一样游玩，参加宴会的。"

"唔？"皇帝先是一怔，接着就笑了，"如此诚实不欺，诚属难能。这样的人放在太子身边，那就更合适了。"

◎故事感悟

出风头的机会推掉，皇上的夸奖不认，非得说出自己"不那么好"，做人诚实到如此程度，这的确不是寻常之举。晏殊这种实事求是的精神令人感慨！

◎史海撷英

宋朝的糊名与誉录制度

从宋代开始，科举开始实行糊名和誉录，并建立防止徇私的新制度。从隋唐开科取士之后，徇私舞弊现象越来越严重。对此，宋代统治者采取了一些措施，主要是糊名和誉录制度的建立。

糊名，就是把考生考卷上的姓名、籍贯等密封起来，又称"弥封"或"封弥"。宋太宗时，根据陈靖的建议，对殿试实行糊名制。后来，宋仁宗下诏省试、州试均实行糊名制。但是，糊名之后，还可以认识字画。根据袁州人李夷宾建议，将考生的试卷另行誊录。考官评阅试卷时，不仅不知道考生的姓名，连考生的字迹也无从辨认。这种制度，对于防止主考官徇情取舍的确发生了很大的效力。但是，到了北宋末年，由于政治日趋腐败，此项制度也就流于形式了。宋代在考试形式上的改革，不但没有革除科举的痼疾，反而使它进一步恶化。

◎文苑拾萃

蝶恋花

晏殊

槛菊愁烟兰泣露。罗幕轻寒，燕子双飞去。明月不谙离恨苦，斜光到晓穿朱户。昨夜西风凋碧树。独上高楼，望尽天涯路。欲寄彩笺兼尺素，山长水阔知何处？

祝颢慎辨冤狱

◎事莫明于有效，论莫定于有证。——王充

祝颢（1405—1483年），字维清，明代长洲（今江苏苏州）人。正统四年（1439年）进士，卒年七十九。

明朝天顺年间，祝颢曾在山西布政使司任参政。天顺六年五月五日，汾州发生"妖人"作乱事件。

祝颢正负责这一地区，听到消息后，立刻换军装前往事发地点。作乱者被擒住的有16人，但他们揭发了很多同伙，大多是平时与他们有仇隙的人。

其他官员认为所揭发的人都是逆党，应一起处以极刑。祝颢却不同意这样处理，他说："既然这些人都是同案犯，作乱时为什么不同时举事，只有这16个人参与？再说，对胁从的人是不应该治罪的，何况这些受案犯株连的人。"于是奏明朝廷，使千余人得以活命。

还有一次，祝颢和监察御史一起处决崞县七名案犯，已经处斩了五名，下面就该另外两人了。临刑前，他们发出了嗟叹声，祝颢马上下令停刑，询问犯人。犯人说："我们没有死罪，之所以招供是由于受不了酷刑。现在看您是个仁慈的长官，所以才敢哀求向您辩白我们的冤屈。"祝颢对同来的御史说："我们差一点误杀这两个人。应该准许他们辩白，重新甄别。"御史不同意，坚持要处决这两个人。就在这时，祝颢突然病倒了，只好暂停行刑。

御史过来问候祝颢的病情。祝颢说："我是心里有病。因为没有死罪的人要处死，这就成了我的心病。"御史终于明白过来，案子重新审理，两名犯人

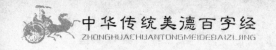
终于得以释放。

成化二年，年过70的祝颢请求辞官归乡，最后得到批准。家乡人问他做官几十年，有什么经验？祝颢说："我的职责虽然是检查揭发别人的过错，但我主要是用法律原则实事求是地处理问题，从来没有因部门间矛盾或个人仇隙污辱官员。居官近30年，从未有随便拷打犯人致死的情况，也不会因个人的喜怒，随便赏罚别人。我的做法就是这些。"听到祝颢的这番话，人们都很佩服，认为这是仁义长者的经验之谈。

◎故事感悟

祝颢为官慎辨冤狱，追求事实真相，按法律原则处理问题，做到了执政的公平、公正。我们当今的行政执法人员也应该像祝颢那样，培养这种可贵的作风。

◎史海撷英

郑和下西洋

明永乐三年（1405年7月11日），明成祖命郑和率领庞大的240多艘海船、2.74万名士兵和船员组成的远航船队，访问了30多个西太平洋和印度洋的国家和地区，加深了中国同东南亚、东非的友好关系。每次都由苏州刘家港出发，一直到明宣德八年（1433年），他一共远航了七次。最后一次，宣德八年四月回程到古里时，在船上因病过世。

郑和曾到达过爪哇、苏门答腊、苏禄、彭亨、真腊、古里、暹罗、阿丹、天方（阿拉伯国家）、左法尔、忽鲁谟斯、木骨都束等30多个国家，最远曾达非洲东海岸——红海、麦加（伊斯兰教圣地），并有可能到过今天的澳大利亚。

郑和下西洋，展示了明朝前期中国国力的强盛——中国的海军纵横西洋，万国朝贡，盛世追及汉唐；加强了中国明朝政府与海外各国的联系，给南洋、西洋各国带来了经济实惠。这也是中国古代历史上一件世界性的盛举。

袁枚善断案

◎真相和事实，都是只有一个。——格言

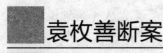

> 　　袁枚（1716—1797年），浙江钱塘（今浙江杭州）人，清代诗人、诗论家。字子才，号简斋，晚年自号仓山居士、随园主人、随园老人。袁枚少有才名，擅长诗文，24岁中进士。袁枚是乾隆、嘉庆时期代表诗人之一，与赵翼、蒋士铨合称为"乾隆三大家"。曾任沭阳、江宁、上元等地知县，政声好，很得当时总督尹继善的赏识。33岁父亲亡故，辞官养母，在江宁（南京）购置隋氏废园，改名"随园"，筑室定居，世称随园先生。

　　袁枚是清朝乾隆年间著名的诗人。乾隆四年，他中了进士，后来先后做了江苏溧水、沭阳、江浦、江宁县的知县。

　　在任县官时，袁枚善于根据实际情况，灵活地审案断案。像一些小的纠纷，他让争讼双方各自谈事情的经过，然后根据情况立即做出判定，从不拖延推诿；对于地方上的那些不法之徒，他通过设置耳目探访，叫来乡保了解情况等方式，搜集这些人的姓名及罪状，登记造册，然后再把他们一一传唤上堂，拿出登记簿，一条一条地与他们对质，使他们无法隐瞒罪行。同时把这些人的名字都张榜公布，并答应只要他们三年之内不再作恶，以前的旧恶就可一笔勾销，给他们一个改过自新的机会。在袁枚的感召和威慑之下，一些不法之徒也就弃恶从善了。

　　在袁枚做江宁知县时，他还遇见了这样一件事：江宁临近长江，江边停靠有战舰。一天，船上有一个老兵正在舵楼旁大便，这时，有一只小船扬帆驶来，由于风急浪大，不慎撞到战舰上，老兵猝不及防，坠江而死。舰上的其他水兵见到这种情形，就把这只小船扣住，将驾船之人一顿痛打，几乎就要给打死了，并且报告了官府。袁枚得到消息以后，带人前往查验，质问驾船之人说："你挂帆行船，怎么能突然撞到别的船呢？"驾船人一再地说由于风疾浪大，单凭人力实在难以完全操纵航船，所以出现了撞船之事。袁枚却说："你的话我不太相信，你现在仍然驾船扬帆航行，让我看看是不是像你所说的那样。"驾船人顺从地解缆扬帆，乘风而去，不一会儿船就看不见影了。其实，袁枚早就告诉他的手下人，让他悄悄地告诉船夫直接驾船而去，不要再回来了。那些甲板上的水兵看到船已没影了，才恍然大悟，冲着袁枚大声叫了起来，袁枚解释说："老兵之死，并不是船夫要有意害他，实在是误杀。这种情况是不能按照大清的法律制裁的。这个老兵的丧葬费从我的俸银中扣除就可以了。"

◎故事感悟

袁枚这个故事告诉我们，要学会按事实处理问题，同时对任何事情都要善于思考和分析，权衡利弊，要根据事实妥善解决矛盾。凡事从大处着眼，不能感情用事而作出错误的抉择。

◎史海撷英

袁枚倡导"性灵说"

袁枚为文自成一家，与纪晓岚齐名，时称"南袁北纪"。他倡导"性灵说"，主张写诗要写出自己的个性，认为"自三百篇至今日，凡诗之传者，都是性灵，不关堆垛"。他主张直抒胸臆，写出个人的"性情遭际"。主张"性灵"和"学识"结合起来，以性情、天分和学历作为创作基本，以"真、新、活"为创作追求，这样才能将先天条件和后天努力相结合，创作出佳品。认为"诗文之作意用笔，如美人之发肤巧笑，先天也；诗文之征文用典，如美人之衣裳首饰，后天也"。

他还主张骈文和散文并重，认为骈文与散文正如自然界的偶与奇一样不可偏废，二者同源而异流，它们的关系是双峰并峙，两水分流。

袁枚的文学思想有发展的观点，对封建正统文学观点及形式主义思潮有冲击作用。另外，他强调骈文作为美文学的存在价值，也有一定的积极意义。

◎文苑拾萃

陇上作

袁枚

忆昔童孙小，曾蒙大母怜。胜衣先取抱，弱冠尚同眠。

鬌影红灯下，书声白发前。倚娇频索果，逃学免施鞭。

敬奉先生馔，亲装稚子绵。掌珠真护惜，轩鹤望腾骞。

行药常扶背，看花屡抚肩。亲邻惊宠极，姊妹妒恩偏。

玉陛胪传夕，秋风榜发天。望儿终有日，道我见无年。

渺渺言犹在，悠悠岁几迁。果然宫锦服，来拜墓门烟。

反哺心虽急，舍饴梦已捐。恩难酬白骨，泪可到黄泉。

宿草翻残照，秋山泣杜鹃。今宵华表月，莫向陇头圆。

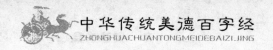
回忆录不能夸张

◎尊重历史的人必被历史所尊重。——格言

聂荣臻（1899—1992年），字福骈，四川江津（现重庆市江津区）人。著名革命家、政治家、军事家。中国人民解放军创建人和领导人之一，中华人民共和国十大元帅之一，为我国人民解放事业和日后国防军事现代化作出了重大贡献。

上中下三册、长达数10万字的《聂荣臻回忆录》，在1984年国庆节前夕问世了。

这部长篇回忆录，是聂荣臻元帅以对历史负责、对后人负责的严肃态度，在他80岁高龄时，倾注了几年的心血写成的。他曾对帮助整理回忆录的同志说：搞这个东西一点也不能夸张，这是历史，历史就是事实。为此，他对收入回忆录中的每一个事件，每一个具体情节，每一个历史人物，都要求符合历史事实来进行叙述。

帮助整理的同志在编写他青少年时期的一章时，打算选用《关于聂荣臻同志青少年时期情况片断》中的一些生动事例。聂荣臻制止说，不要搞天才论，辛亥革命时我12岁，这场大革命的风暴对我的思想影响是有的，但说我带头喊出打倒赵尔丰的口号，这可能吗？写留法勤工俭学时，有的文章说我参加了布伦森林旅法青年团的第一次成立大会，其实没有。我参加的是第二次代表大会。

初稿审查中，聂荣臻发现执笔的同志根据有关材料，写他曾于1927年任武汉中央军委的参谋长，马上更正说，早期中央军委的人数很少，书记是周恩来同志，其他同志协助恩来同志工作，只有分工，没有明确职务。说我是军委参谋长，这种讲法不对。

帮助整理的同志看到一个电影剧本里面提到贺龙、刘伯承、叶剑英、聂荣臻和叶挺等起义将领，曾在一个名叫系马桩的地方会师，觉得情节生动感人，请示能否写进回忆录。聂荣臻回答说："我没有到过系马桩。搞文艺创作，合理的夸张是允许的，但不能够脱离历史事实这个大框框。"

对于回忆录中引用的战绩数字，聂荣臻也特别慎重，一再强调要核实准确，不要使用没有把握的数字。过去，许多材料在讲到平型关战斗的歼敌数字时，用的都是三千余人这个数字。这次回忆录写这段历史，聂荣臻却没让沿用这个数字。他说："当时，我就在战场指挥，没有歼灭这么多日军，大约是一千多人，回忆录就按这个数字写。"

◎故事感悟

想必聂荣臻不光是写回忆录时这样要求自己和别人，在生活和工作的其他方面也是这样吧！这种尊重事实的态度是值得我们每个人去学习的，我们都应以这种实事求是的态度去要求自己。

◎史海撷英

平型关大捷

1937年，国民政府组织太原会战，林彪、聂荣臻率领八路军115师在山西参加会战。115师利用平型关的有利地形，于9月25日伏击日军，歼灭日军板垣师团1000多人，缴获大批军用物资，取得平型关大捷。这是抗战以来中国军队的第一次大捷，粉碎了日军不可战胜的神话，摧毁了日军直取太原的军事计划，支援了国民党军队正在准备的忻口会战，鼓舞了全国人民抗战胜利的信心。

◎文苑拾萃

新的鲁智深

抗日战争初期，聂荣臻深入日本侵略军后方创建根据地，更显示出独当一面的统帅之才。1937年秋平型关大捷后，115师主力转往晋西南。聂荣臻遵照八路军总部的指示，带一部分兵力与主力分手，从五台山区向周围广阔的地域发展，创建了敌后第一块最大的根据地——晋察冀边区。当时，中共中央对此给予高度赞扬，称这些经验将成为全党全国在抗战中最有价值的指南。1938年3月，毛泽东曾对准备前往晋察冀的国际共产主义战士白求恩大夫风趣地说："中国有一部很著名的古典小说，叫做《水浒传》，里面写了鲁智深大闹五台山的故事，五台山就在晋察冀。五台山，前有鲁智深，今有聂荣臻。聂荣臻就是新的鲁智深。"

钱若水的求实

◎事实是毫无情面的东西，它能够将空言打得粉碎。——鲁迅

钱若水（960—1003年），字清成，一字长卿，河南新安人。幼聪悟，十岁能属文。雍熙中，登进士第，起家同州观察推官。类迁简易大夫，同知枢密院士。真宗时从幸大名，陈御敌安边之策。后拜并州、代州经略史知并州事。为人有器识，能断大事。事继母以孝闻。所至推诚待物，委任僚佐，总其纲领，无不称治。若水著有文集二十卷《宋史本传》传于世。

钱若水曾经在同州任推官，有一次，发生了这样一个案件：有一富户人家的女奴逃跑了，女奴的父母上州衙告了这家富户。州衙的录事官以前曾到富户家去借钱，富户没有借给他，因此录事官一直怀恨在心。他受理此案后很快就根据该女奴已不见，断为富户父子共谋杀死了女奴。在审理中录事官又用重刑逼供，使富户父子受不了折磨，只能认罪伏法。案件就这样上报复审。

钱若水认为此案存在重大疑点，把它搁置了。几天过后，录事官去见钱若水，粗暴无理地指责道："你偏爱这家富户，是不是想借你的权力，从中挽救他们？"钱若水听了这话，并没有生气，而是笑容满面地安抚他说："这件案子涉及不止一人的生命，哪能不稍微搁一搁，细心地研究一下口供和案卷呢？"就这样，这个案子被"挂"起来有十天之久。

在这之后，钱若水去见了知州大人，并说明："我之所以暂时搁置这个案子，是因为一直失踪的女奴今天已经找到了。"这女奴被秘密地送到知州那

里。女奴的父母见到她后，拉着女儿哭起来了。同时知州又传令将富户父子带上来，打开刑具，予以释放。他们被感动得大哭，不肯离去，并对知州说："如果不是遇到了您这样的地方长官，我们这个家在这场官司中就全完了。"知州大人赶紧说明这全是钱若水认真负责办案的结果。父子俩又赶紧到钱若水办公的衙署，要面见推官。钱若水没有接见他们，让人告诉他们，这个案件如果没有知州大人是处理不了的，与我这下属没有多大关系。他们进不了钱若水的大门，就绕着墙走，边走边哭，还把全部家财捐给寺庙，让那里的和尚为钱若水做法事，祈求神佛护佑他。

知州也要把这件事上报朝廷为钱若水请功。钱若水坚决谢绝了知州的好心，并说："自己只求不冤死人，哪里在求记功升官呢？况且，这样上报把那位录事摆在哪里？"知州听了以后，对钱若水的为人更加钦佩。

◎故事感悟

钱若水有着清楚的头脑和睿智的思想，最关键是他有着不枉不纵、追求真相的精神，才能够断案如神，赢得百姓的称誉。每位行政工作人员都应该学习钱若水的认真负责、依法办案、实事求是、不枉不纵的作风，这样国家才能稳定昌盛，人民才能安居乐业。

◎史海撷英

王小波、李顺起义

王小波、李顺起义是中国北宋前期的一次农民起义。北宋初，川陕地区的土地大多被官僚、豪强、寺观霸占，许多农民沦为客户（包括旁户），阶级矛盾极为尖锐。宋太宗即位后，川陕天灾频发，饿殍载道，民不聊生。淳化四年（993年），在永康军青城县（今四川都江堰市南）爆发了王小波、李顺起义。王小波、李顺起义在中国农民战争史上，第一次明确地提出了"均贫富"的口号。这次起义提出的"均平"思想，对以后的农民起义产生了深远影响。

◎文苑拾萃

宋朝的知州

　　宋太祖为了削弱节度使的权力，防止唐五代时期武人割据的局面重演，规定诸州刺史得直接向朝廷奏报和接受诏令，节度使不得干预除所驻州之外（所谓支郡）的政务。后来，逐步派遣京朝官（文臣）接替刺史管理州务，称"权知××州州军事"。"权"表示不是正式职务，只是代理；"知"就是管理的意思；"州军事"的"州"代表民政，"军"代表军政，简称知州。由此，刺史非奉特别诏令不得过问所任州的州务，演化为武臣的迁转之阶，属于横行正使之一。

　　同时，节度使也很快演化成一种地位崇高的虚衔，成为武臣的最高等级，不再有实际权力与职掌。州也就由隶属藩镇变为隶属以转运使为长官的路以及以留守、知×府事、尹为长官的府。

政权兴衰需直话

◎不唯上、不唯书、只唯实，交换、比较、反复。——陈云

> 黄炎培（1878—1965年），字任之，别号抱一，江苏省川沙县（今属上海市）人。中国近现代著名的爱国主义者和民主主义教育家，中国近代职业教育的创始人和理论家。他以毕生精力奉献于中国的职业教育事业，为改革脱离社会生活和生产的传统教育以及新中国的职业教育，作出过重要贡献。

黄炎培是中国现代著名的爱国民主人士、教育家。抗日战争时期，他在重庆担任国民参政员，参加了中国民主同盟，后来还发起组织中国民主建国会。他认为，抗战要获得胜利，建国要获得成功，必须先完成政府和民众的合作、中央和地方的合作、国民党和共产党以及各民主党派的合作。他愿意为实现三大合作的目标尽力。于是，在1945年7月初，黄炎培访问了延安，当时他已经67岁高龄了。

黄炎培看到，在延河两岸高高低低的山壁上凿着无数窑洞，都是老百姓的家；中国共产党中央、边区政府和八路军领导机关的房子，分布在山坡上下，和民间建筑没有多大差别。延安的军政人员不论男女，大都穿制服，朝气蓬勃；老百姓的衣料或是蓝色或是白色的土布，都很整洁。延安人最推崇的是劳动英雄，延安的干部讲究全心全意为人民服务、不谋私利。黄炎培想，比起重庆来，延安前途是无限的。

毛泽东欢迎黄炎培到延安来，并和他畅谈了两个多小时。毛泽东问他：

"您对延安的感觉怎样？"黄炎培心想："做人必须自己立定脚跟，切不可依墙傍壁，人家说好就是好，说坏就是坏，必须服从真理。"于是，他坦诚地说出自己的意思："我这一辈子活了60多岁，亲眼目睹了很多家庭、团体乃至国家都受着一种周期率的支配，就是它们在兴起的时候是朝气勃勃的，可是很快地就衰亡了。因为创业初期聚精会神，没有一事不用心，没有一人不卖力；后来环境渐渐好转了，思想也就渐渐放松了。有的因为历时长久，自然地是惰性成风，虽有大力却无法扭转和补救了；有的是在事业发展和扩大的时候，干部人才渐见竭蹶，控制不了越来越复杂的环境。一部历史，'政怠宦成'的也有，'人亡政息'的也有，'求荣取辱'的也有，总之没有能够跳出这周期率的。希望中国共产党找出一条新路，跳出这周期率的支配。"

黄炎培这席话受到毛泽东的赞扬，对他说："这话是对的。"而且毛泽东很有信心地告诉他："我们已经找到了新路，我们能跳出这个周期率。这条新路，就是'民主'。只有让人民来监督政府，政府才不敢松懈。只有人人负责，才不会'人亡政息'。"

黄炎培回到重庆，写了《延安归来》一书，用日记方式详细记载了他亲眼目睹的中国共产党的施政政策、解放区的成就以及领导人的作风，结果受到国民党特务的抄家搜查。

人民忘不了黄炎培的诚实正直。新中国成立后，他被任命为中央人民政府政务院副总理兼轻工业部部长。

◎故事感悟

这个故事可以折射出黄炎培老先生治学的准则——一切必须以事实为依据，服从真理。这样严谨的治学态度，也就成就了黄老先生的"知名教育家"的美誉。

◎史海撷英

国共第一次合作

1924年至1927年大革命时期，中国共产党同中国国民党合作结成了革命统一战线。中国共产党于1922年6月发表了《中共中央第一次对于时局的主张》，明确提出了建立各民主阶级联合战线的主张。7月，中国共产党第二次全国代表大会制定了反帝反封建的民主革命纲领，讨论了同国民党建立革命统一战线的问题，正式确立了建立民主联合战线的方针。1922年8月，中共中央召开西湖特别会议，根据共产国际的指示，经过充分讨论决定，在孙中山改组国民党、使国民党成为资产阶级、小资产阶级和无产阶级的民主革命统一战线组织的条件下，共产党员可以以个人名义加入国民党，实现两党的合作。

◎文苑拾萃

不够朋友够英雄

黄炎培珍藏着一部据说是王羲之真迹的书法作品，毛泽东借来一阅，讲好一个月归还。仅仅过了一周，黄就打电话问是否看完，什么时候归还。毛泽东对身边工作人员说：到一个月不还，我失信；不到一个月催讨，他们失信。谁失信都不好。又过了几天，黄再打来电话，毛泽东问："任之先生，一个月的气你也沉不住吗？"到一个月期满，毛泽东让人把书法小心用木板夹好送回，并严命当天零点必须送到。毛泽东对黄的提前"索债"之举评价为："不够朋友够英雄。"

实·实事求是

第二篇

实践是检验真理的唯一标准

赵括纸上谈兵终失败

◎纸上得来终觉浅，绝知此事要躬行。——陆游

> 赵括（?—前259年），战国时期赵国人，赵国名将马服君赵奢之子。熟读兵书，但不晓活用。于长平之战后期代替廉颇担任赵军主帅，由于指挥错误而使得赵军全军覆没，自己也战死阵中，赵军四十万人尽数被秦将白起活埋。

战国时期，赵国大将赵奢曾以少胜多大败入侵的秦军，被赵惠文王提拔为上卿。他有一个儿子叫赵括，从小熟读兵书，张口爱谈军事，别人往往说不过他，因此很骄傲，自以为天下无敌。然而赵奢却很替他担忧，认为他不过是纸上谈兵，并且说："将来赵国不用他为将则罢，如果用他为将，他一定会使赵军遭受失败。"

果然，公元前259年，秦军又来犯，赵军在长平（今山西高平县附近）坚持抗敌。那时赵奢已经去世。廉颇负责指挥全军，他年纪虽高，打仗仍然很有办法，使得秦军无法取胜。秦国知道拖下去于己不利，就施行了反间计，派人到赵国散布"秦军最害怕赵奢的儿子赵括将军"的话。赵王上当受骗，派赵括替代了廉颇。赵括自认为很会打仗，死搬兵书上的条文，到长平后完全改变了廉颇的作战方案，结果四十多万赵军尽被歼灭，他自己也被秦军箭射身亡。

◎故事感悟

其实只要学习了理论的人都会这样夸夸其谈，但是空谈理论，不能解决实际

问题。这正应了陆游的一句话：“纸上得来终觉浅，绝知此事要躬行。”赵括不能真正地了解自己，只知道自己有才学，却不知道自己没经验。

◎史海撷英

长平之战

　　长平之战是我国历史上最早、规模最大的包围歼灭战。此场战争发生于最有实力统一中国的秦赵两国之间，结果赵国遭受了毁灭性的打击，秦国国力也因此大幅超越于同时代各国，极大地加速了秦国统一中国的进程。赵军参战人数达45万人，秦军保守估计也在百万以上。从国家战略到具体战术，军事家直到现在都在探讨它的得失。长平之战对中国历史走向有着深远的影响，它催生了中国历史上第一个封建集权的大帝国。

◎文苑拾萃

丛台传说

　　赵武灵王建筑丛台的目的是为了观看歌舞和军事操演。史载，丛台有天桥、雪洞、妆阁、花苑诸景，结构奇特，装饰美妙，在当时扬名于列国。但在两千多年的漫长岁月中，丛台经历了无数次天灾人祸的破坏，多次改修重建，有了很大的变化。据地方志载，自明朝中叶（1500年前后）以来，就修复了十多次。其中清代乾隆十五年（1750年）建行宫于台上，后在道光十年（1830年）遇地震毁坏。现在我们所见之丛台，是清同治年间（1862—1874年）修建的，以后又进行过重修。“丛台”名称的来历，是因为当时许多台子连接垒列而成。《汉书》颜师古释文：“连聚非一，故名丛台。”古人曾用“天桥接汉若长虹，雪洞迷离如银海”的诗句，描绘丛台的壮观。唐代大诗人李白、杜甫、白居易等曾多次登台观赏赋诗。

不入虎穴，焉得虎子

◎知而不行，只是未知。——王守仁

> 班超（32—102年），字仲升，扶风平陵（今陕西咸阳东北）人，东汉著名的军事家和外交家。班超是著名史学家班彪的幼子，其长兄班固、妹妹班昭也是著名的史学家。班超为人有大志，不修细节，但内心孝敬恭谨，审察事理。他曾出使西域，为促进民族融合做出了巨大贡献。

东汉时候，班超跟随奉车都尉窦固和匈奴作战，建立了功劳，后被派出使西域。他首先到鄯善国。国王广早知班超的情况，对他十分敬重，但隔了一段时期后，一下子变得怠慢起来。班超召集同来的36人说："鄯善国王最近对我们很冷淡，一定是北方匈奴也派人来笼络他，使他犹豫不知顺从哪一边。聪明人要在事情还处于萌芽的时候就发现它产生的原因，何况现在事情已经十分明显了。"

经过打听，真的是这样。于是班超又对随行的人说："我们现在处境十分危险，匈奴使者才来几天，鄯善国王就对我们这么冷淡。如果再过一些时候，鄯善国王可能会把我们绑起来送给匈奴。你们说，我们应该怎么办？"当时大家坚决地表示愿听他的主张。他便继续道："不入虎穴，不得虎子。现在剩下的办法，就是在今天夜里用火攻击匈奴来使，迅速把他们杀了。这样一来，鄯善国王才会真心诚意地归顺汉朝。"

这天夜里，班超就和他同去的36个随从冲入匈奴人住所，奋力死战，用少数人力战胜了多数的匈奴人，后来达到了预期目的。

◎故事感悟

　　班超抱着必死的决心，亲自实践，才能让匈奴人就范。"不入虎穴，焉得虎子"说明做事如果不下决心，不身历险境，不经过艰苦的努力，是不能达到目的的。

◎史海撷英

投笔从戎

　　永平五年（62年），班超的哥哥班固被征召做校书郎，班超和母亲也随同班固到了洛阳。因为家庭贫穷，班超常被官府雇佣抄书挣钱来养家。他因为长期抄写而劳苦不堪，曾经有一次，他停下了手中的活儿，扔了笔感叹道："大丈夫如果没有其他的志向谋略，也应效仿傅介子、张骞在边疆立下大功，从而拜将封侯，怎么能长时间从事笔砚间工作呢？"旁边的人都嘲笑他，班超说："小人物怎么能了解有志之士的志向呢！"后来他真的参军了。

◎文苑拾萃

丝绸之路

　　丝绸之路，简称丝路。是指西汉（公元前202—8年）时，由张骞出使西域开辟的以长安（今西安）为起点，经甘肃、新疆，到中亚、西亚，并联结地中海各国的陆上通道（这条道路也被称为"西北丝绸之路"，以区别日后另外两条冠以"丝绸之路"名称的交通路线）。因为由这条路西运的货物中以丝绸制品的影响最大（而且有浪多丝绸都是中国运的），故得此名。

马谡大意失街亭

◎入山见木，长短无所不知；入野见草，大小无所不识。然而不能伐木以作室屋，采草以和方药，知此草木所不能用也。——王充

马谡（190—228年）字幼常，襄阳宜城（今湖北宜城南）人，侍中马良之弟。初以荆州从事跟随刘备取蜀入川，曾任绵竹、成都令、越巂太守。后被蜀汉丞相诸葛亮用为参军。马谡"才器过人"，好论军计。诸葛亮向来对他倍加器重，每引见谈论，自昼达夜；后来接替诸葛亮为丞相、被称为"蜀汉四英"之一的蒋琬也称赞马谡为"智计之士"。但马谡却于诸葛亮北伐时因作战失误而失守街亭，因而被诸葛亮所斩。

　　诸葛亮平定南中之后，又经过两年准备，于公元227年冬天带领大军驻守汉中。因为汉中接近魏、蜀的边界，在那里可以随时找机会进攻魏国。

　　离开成都的时候，他给后主刘禅上了一道奏章，要后主不要满足现状，妄自菲薄；要亲近贤臣，疏远小人；并且表示他决心担负起兴复汉朝的责任。这道奏章就是历史上有名的《出师表》。

　　过了年，诸葛亮采用声东击西的办法传出消息，要攻打郿城（今陕西眉县），并且派大将赵云带领一支人马进驻箕谷（今陕西褒城北），装出要攻打郿城的样子。魏军得到情报，果然调主要兵力去守郿城。诸葛亮趁魏军不防备，亲自率领大军，突然从西路扑向祁山（今甘肃礼县东）。

　　蜀军经过诸葛亮几年严格训练，阵容整齐，号令严明，士气十分旺盛。自从刘备死后，蜀汉多年没有动静，魏国毫无防备，这次蜀军突然袭击祁山，守在祁山的魏军抵挡不了，纷纷败退。蜀军乘胜进军，祁山北面天水、南安、安定三个郡的守将都背叛魏国，派人向诸葛亮求降。

那时候，魏文帝曹丕已经病死。魏国文武官员听到蜀汉大举进攻，都惊慌失措。刚刚即位的魏明帝曹睿比较镇静，立刻派张郃带领五万人马赶到祁山去抵抗，还亲自到长安去督战。

诸葛亮到了祁山，决定派出一支人马去占领街亭（今甘肃庄浪东南）作为据点。当时他身边还有几个身经百战的老将，可是他都没有用，单单看中参军马谡。

马谡这个人确实读了不少兵书，平时很喜欢谈论军事。诸葛亮找他商量起打仗的事来，他就谈个没完，也出过一些好主意，因此诸葛亮很信任他。但是刘备在世的时候，却看出马谡不大踏实，因此生前特地叮嘱诸葛亮，说："马谡这个人言过其实，不能派他干大事，还得好好考察一下。"但是诸葛亮没有把这番话放在心上。这一回，他派马谡当先锋，王平做副将。

马谡和王平带领人马到了街亭，张郃的魏军也正从东面开过来。马谡看了地形，对王平说："这一带地形险要，街亭旁边有座山，正好在山上扎营，布置埋伏。"

王平提醒他说："丞相临走的时候嘱咐过，要坚守城池，稳扎营垒。在山上扎营太冒险。"

马谡没有打仗的经验，自以为熟读兵书，根本不听王平的劝告，坚持要在山上扎营。王平一再劝马谡没有用，只好央求马谡拨给他一千人马，让他在山下临近的地方驻扎。

张郃率领魏军赶到街亭，看到马谡放弃现成的城池不守，却把人马驻扎在山上，暗暗高兴，马上吩咐手下将士在山下筑好营垒，把马谡扎营的那座山围困起来。

马谡几次命令兵士冲下山去，但是由于张郃坚守营垒，蜀军没法攻破，反而被魏军乱箭射死了不少人。

魏军切断了山上的水源。蜀军在山上断了水，连饭都做不成，时间一长，自己先乱了起来。张郃看准时机，发起总攻。蜀军兵士纷纷逃散，马谡根本阻拦不住，最后只好自己杀出重围，往西逃跑。

王平带领一千人马，稳守营盘。他得知马谡失败，就叫兵士拼命打鼓，装出进攻的样子。张郃怀疑蜀军有埋伏，不敢逼近他们。王平整理好队伍，不慌不忙地向后撤退，不但一千人马一个也没损失，还收容了不少马谡手下的散兵。

街亭失守，蜀军失去了重要的据点，又折损了不少人马。诸葛亮为了避免遭受更大损失，决定把人马全部撤退到汉中。

诸葛亮回到汉中，经过详细查问，知道街亭失守完全是由于马谡违反了他的作战部署。马谡也承认了他的过错。诸葛亮按照军法，把马谡下了监狱，定了死罪。

◎故事感悟

马谡为什么失街亭？因为他自负自大，刚愎自用，只懂得纸上谈兵，却不懂得理论结合实际，所以他的失误是必然的。我们应该引以为鉴，做事一定要从实际情况出发。

◎史海撷英

诸葛亮南征

建兴三年（225年）春天，诸葛亮率军南征，临行前刘禅赐诸葛亮金鈇钺一具，曲盖一个，前后羽葆鼓吹各一部，虎贲六十人。后诸葛亮深入不毛之地讨伐雍闿、孟获，他采纳参军马谡的建议，以攻心为主，先打败雍闿军，再七擒七纵孟获，至秋天平定所有叛乱。南中得以安定并获得一定兵源补充后，经过长期积累，才有了北伐的基础。

◎文苑拾萃

街亭

街亭位于秦安县城东北40千米的陇城镇，距大地湾遗址8千米，是一处宽约 6 千米、长达十几千米的开阔地带，也是关陇大地的咽喉之地，战略地位十分重要，是历代兵家必争之地。

　　三国时期魏蜀街亭之战就发生在这里。街亭所处的位置河谷开阔，四通八达，南北山势险要，是一个进能攻、退可守的战略要地。因有"马谡失街亭"这个家喻户晓的故事，街亭便名扬天下。

实践者李时珍

◎既异想天开，又实事求是，这是科学工作者特有的
风格，让我们在无穷的宇宙长河中去探索无穷的真
理吧！——郭沫若

李时珍（1518—1593年），字东璧，晚年号濒湖山人。明代蕲州（今湖北省蕲春县）人，我国古代杰出的科学家之一。他在医药学方面做出巨大贡献。近四百年来，一直为世人所称颂。他的名著《本草纲目》不仅是一部总结我国明以前药物学知识和经验的巨著，也是一部具备了初期植物形态分类学内容的伟大著作。

李时珍在行医的十几年中，阅读了大量古医籍，又经过临床实践发现古代的本草书籍"品数既繁，名称多杂。或一物析为二三，或二物混为一品"（《明外史本传》）。特别是其中的许多毒性药品，竟被认为可以"久服延年"，遗祸无穷。

于是，李时珍决心重新编纂一部本草书籍。从31岁那年，他就开始酝酿此事。为了"穷搜博采"，李时珍读了大量参考书。家藏的书读完了，就利用行医的机会向本乡豪门大户借。后来，进了武昌楚王府和北京太医院，他读的书就更多，简直成了"书迷"。他自述"长耽嗜典籍，若啖蔗饴"（《本草纲目》原序）。顾景星在《李时珍传》里，也赞他"读书十年，不出户庭，博学无所弗睹"。

他不但读了800余种万余卷的医书，还看过不少历史、地理和文学名著及敦煌的经史巨作，连一些诗人的全集也都仔细钻研过。李时珍从中摘录了大量有关医药学的诗句。而这些诗句也确实给了他许多真实有用的医药学知识，帮助他纠正了前人在医药学上的许多谬误。如古代医书中，常常出现"鹜与凫"，它们指的是什么？是否有区别？历代药物学家众说纷纭，争论不休。李时珍摘引屈原《离骚》中的"将与鸡鹜争食乎"、"将泛乎若水中之凫乎"两句，指出诗人把"鹜"与"凫"对举并称，就是它们不是同一种禽鸟的明证。他又根据诗中对它们不同生活环境的描绘，证明"鹜"是家鸭，"凫"是野鸭子，药性不同。屈原的诗赋，竟成了李时珍考证药物名实的雄辩依据。

在编写《本草纲目》的过程中，最使李时珍头痛的就是由于药名的混杂，使药物形状和生长情况十分不明。过去的本草书虽然作了反复的解释，但是由于有些作者没有深入实际进行调查研究，而是在书本上抄来抄去、在"纸上猜度"，所以越解释越糊涂，而且矛盾倍出，莫衷一是。例如药物"远志"，南北朝著名医药学家陶弘景说它是小草，像麻黄，颜色青，开白花；宋代马志却认为它像大青，并责备陶弘景根本不认识远志。又如"狗脊"一药，有的说它像萆薢，有的说它像拔葜，又有的说它像贯众，说法极不一致。类似此情况很多，李时珍不得不一次又一次地搁下笔来。这些难题该怎样解决呢？

在父亲的启示下，李时珍认识到，"读万卷书"固然需要，但"行万里路"更不可少。于是，他既"搜罗百氏"，又"采访四方"，深入实际进行调查。李时珍穿上草鞋，背起药筐，在徒弟庞宪、儿子建元的伴随下，远涉深山旷野，遍访名医宿儒，搜求民间验方，观察和收集药物标本。

他首先在家乡蕲州一带采访，后来，他多次出外采访。除湖广外，还到过江西、江苏、安徽好多地方。均州的太和山也到过。盛产药材的江西庐山和南京的摄山、茅山、牛首山，估计也有他的足迹。后人为此写了"远穷僻壤之产，险探麓之华"的诗句，反映他远途跋涉、四方采访的生活。

李时珍每到一地，就虚心向当地各式各样的人物请教。其中有采药的，有种田的、捕鱼的、砍柴的、打猎的。这些人也热情地帮助他了解各种各样的药物。比如"芸苔"，是治病常用的药，但究竟是什么样的？《神农本草经》说不明白，各家注释也搞不清楚。李时珍问一个种菜的老人，在他指点下，又察看了实物，才知道芸苔实际上就是油菜。这种植物头一年下种，第二年开花，种子可以榨油，于是这种药物便在他的《本草纲目》中一清二楚地注解出来了。

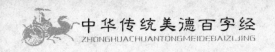

不论是在四处采访中，还是在自己的药圃里，李时珍都非常注意观察药物的形态和生长情况。

蕲蛇，即蕲州产的白花蛇。这种药有医治风痹、惊搐、癣癞等功用。李时珍早就研究它。但开始，只从蛇贩子那里观察。内行人提醒他，那是从江南兴国州山里捕来的，不是真的蕲蛇。那么真正蕲蛇的样子又是怎样的呢？他请教一位捕蛇的人。那人告诉他，蕲蛇牙尖有剧毒，人被咬伤，要立即截肢，否则就会中毒死亡。治疗上述诸病有特效，因之非常贵重，州官逼着群众冒着生命危险去捉，以便向皇帝进贡。蕲州那么大，其实只有城北龙峰山上才有真正的蕲蛇。李时珍追根究底，要亲眼观察蕲蛇，于是请捕蛇人带他上了龙峰山上。那里有个狻猊洞，洞周围怪石嶙峋，灌木丛生。缠绕在灌木上的石南藤举目皆是。蕲蛇喜欢吃石南藤的花叶，所以生活在这一带。李时珍置危险于度外，到处寻找。在捕蛇人的帮助下，终于亲眼看见了蕲蛇，并看到了捕蛇、制蛇的全过程。由于这样深入实际调查过，后来他在《本草纲目》写到白花蛇时，就得心应手，说得简明准确。说蕲蛇的形态是"龙头虎口，黑质白花，胁有二十四个方胜文，腹有念珠斑，口有四长牙，尾上有一佛指甲，长一二分，肠形如连珠"；说蕲蛇的捕捉和制作过程是"多在石南藤上食其花叶，人以此寻获。先撒沙土一把，则蟠而不动，以叉取之。用绳悬起，刀破腹以去肠物，则反尾洗涤其腹，盖护创尔，乃以竹支定，屈曲盘起，扎缚炕干"。同时，他也搞清了蕲蛇与外地白花蛇不同的地方——"出蕲地者，虽干枯而眼光不陷，他处者则否矣"。这样清楚地叙述蕲蛇各种情况，当然是得力于实地细致的调查。

李时珍了解药物并不满足于走马看花式的调查，而是一一采视，对着实物进行比较核对。这样弄清了不少似是而非、含混不清的药物。用他的话来说，就是"一一采视，颇得其真"，"罗列诸品，反复谛视"。

当时，太岳太和山（武当山）五龙宫产的"榔梅"，被道士们说成是吃了可以长生不老的仙果。他们每年采摘回来进贡皇帝，官府严禁其他人采摘。李时珍不信道士们的鬼话，要亲自采来试试，看看它究竟有什么功效。于是，他不顾道士们的反对，冒险采了一个。经研究，发现它的功效跟普通的桃子、杏子一样，能生津止渴而已，是一种变了形的榆树的果实，并没有什么特殊功效。

鲮鲤，即今天说的穿山甲，是过去比较常用的中药。陶弘景说它能水陆两栖，白天爬上岩来，张开鳞甲，装出死了的样子，引诱蚂蚁进入甲内，再闭上鳞甲，潜入水中，然后开甲让蚂蚁浮出，再吞食。为了了解陶弘景的说法是否正确，李时珍亲自上山去观察。并在樵夫、猎人的帮助下，捉到了一只穿山甲。从它的胃里剖出了一升左右的蚂蚁，证实穿山甲动物食蚁，这点陶弘景是说对了。不过，从观察中，他发现穿山甲食蚁时是拨开蚁穴，进行舔食，而不是诱蚁入甲，下水吞食。李时珍肯定了陶弘景对的一面，纠正了其错误之处。

就这样，李时珍经过长期的实地调查，搞清了药物的许多疑难问题，于万历戊寅年（1578年）完成了《本草纲目》编写工作。全书约有200万字，52卷，载药1892种，新增药物374种，载方10000多个，附图1000多幅，成了我国药物学的空前巨著。其中纠正前人错误甚多，在动植物分类学等许多方面有突出成就，并对其他有关的学科（生物学、化学、矿物学、地质学、天文学等）也做出贡献。达尔文称赞它是"中国古代的百科全书"。

◎故事感悟

一部空前名著横空出世的背后，一定蕴含了作者无数的心血与艰辛。李时珍为作《本草纲目》而坚持身体力行，勇于实践，集思广益，最终得出正确的结论。我们在慨叹的同时，也需要学习这种精神。

◎史海撷英

编著《濒湖脉学》

李时珍感其时代的中医脉学存有缺憾甚至谬误繁多，便依其父李月池所著《四诊发明》及历史上其他多家脉论精华，于嘉靖四十三年（1564年）编著成《脉

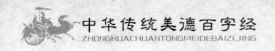
诀》，即《濒湖脉学》。

该书语言简明，论脉清晰，不但把临床复杂脉象总结归纳成基本的二十七种脉象，而且还把主要内容，即脉象、相类脉鉴别、脉象主病，皆以韵文歌括形式撰述，便于诵记，因此其书流传深广，历来受医家推崇。《濒湖脉学》对中医基础理论研究和临床实践具有重大的指导意义，实为中医经典之作，也是李时珍对中医学的巨大贡献。

◎文苑拾萃

李时珍纪念馆

李时珍逝世后，遗体被安葬在湖北省蕲春县蕲州镇竹林湖村。直至现在，蕲州一带的中医每年清明都要到墓地朝拜，许多人常把坟头的青草带回家以消灾灭病。

新中国成立后，为纪念这位对人类做出伟大贡献的科学巨人，1954年，将其坟墓列为全国重点文物保护单位，蕲春县人民政府对墓地进行了修缮。碑前青石上刻有著名人物画家蒋兆和所画的李时珍像，墓前另立石碑，上刻中国科学院院长郭沫若先生的题词。

1978年，湖北省文化局重修李时珍墓，并初具陵园规模。

1980年，在陵园内正式建立了国家重点文物保护机构——李时珍纪念馆。整个纪念馆占地面积50000平方米，由本草碑廊、纪念展览、药物馆、百草药园、墓园五大部分组成。纪念馆仿古大门上镶嵌着邓小平同志于1987年7月8日亲笔题写的馆名。纪念馆的展品主要有历史文物、文献、药物标本、图表、照片、画像、雕塑等1000余件，形象系统地介绍了李时珍的生平和《本草纲目》的伟大成就。藏品中有诸多古籍善本，尤以《本草纲目》自明清以来的各种版本最为珍贵。建馆20多年来，纪念馆已累计接待中外宾客300多万人次，在国内外产生了重要的政治和文化影响。

第五次反围剿的教训

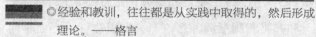◎经验和教训，往往都是从实践中取得的，然后形成
理论。——格言

> 博古（1907—1946年），原名秦邦宪，乳名长林，字则民。江苏无锡人。中共早
> 期的领导人之一，无产阶级革命家、理论家、宣传家和社会活动家，曾任中共中央总
> 书记、红军总政治部代理主任，推行过王明的"左"倾错误路线。后期翻译了大量的
> 马列著作，对全党普及和提高马列主义理论水平起了重要作用。

　　1933年初，日军大举入侵华北，中华民族危机日益严重。然而蒋介石却
置民族危亡于不顾，仍然坚持推行"攘外必先安内"的反动方针，决心消灭
共产党及其领导的红军。5月，蒋介石在南昌设立全权处理赣、粤、闽、湘、
鄂五省军政事宜的军事委员会，亲自组织和指挥对各苏区进行更大规模的第
五次"围剿"，并决定采取持久战和"堡垒主义"的新战略，同时对苏区实行
经济、交通封锁，企图逐步压缩并摧毁苏区。

　　这次"围剿"，蒋介石调集百万兵力，其中，直接用于进攻中央苏区的兵
力达50万人。其部署为：北路军总司令顾祝同，指挥第一、第二、第三路军，
计33个师又3个旅。其第一路军4个师又2个旅位于吉水、新淦（今新干）、永
丰、乐安、宜黄地区；第二路军6个师位于金溪、腾桥、崇仁地区；以陈诚任
总指挥的第三路军18个师又1个补充旅为此次"围剿"的主力军，集结于南
城、南丰、临川地区。北路军的任务是：由北向南，构筑碉堡封锁线，实施对
中央苏区的主攻。第三路军在第一、第二路军策应下，向广昌方向推进，寻

求红军主力决战；由北路军总司令部直接指挥的2个师扼守赣江西岸的吉安、泰和等地，配合西路军维护赣江交通；总预备队3个师位于抚州（今临川）附近。南路军总司令陈济棠，指挥11个师又1个旅，筑碉扼守武平、安远、赣县、上犹地区，阻止红军向南机动，相机向筠门岭、会昌推进，配合北路军作战。西路军总司令何键所部9个师又3个旅，和浙赣闽边守军5个师又4个保安团分别"围剿"湘赣、湘鄂赣和闽浙赣苏区红军，并阻止红一方面军向赣江以西和赣东北机动。第十九路军总指挥蔡廷锴指挥6个师又2个旅，负责福建防务，并阻止红军向东机动。空军5个队配置于南昌、临川、南城，支援作战。

中央苏区取得第四次反"围剿"胜利后，范围扩大到30多个县，政权建设和经济建设都取得很大成绩。主力红军扩大到约10万人，地方部队和群众武装亦有很大发展。但面对国民党军采取的堡垒主义新战略和重兵进攻，也存在不少困难。而中共临时中央领导人博古（秦邦宪）等却认为，这次反"围剿"战争是争取中国革命完全胜利的阶级决战。在军事战略上，拒绝和排斥红军历次反"围剿"的正确战略方针和作战原则，继续实行"左"倾冒险主义的战略指导，提出"御敌于国门之外"的方针，企图以阵地战、正规战在苏区外制敌，保守苏区每一寸土地。

这时，共产国际派来的军事顾问李德从上海到达中央苏区，直接掌握第五次反"围剿"的军事指挥权。因而，在国民党军"围剿"前夕，未及时有效地组织苏区军民进行反"围剿"准备，而是命令由红三军团、红十九师为主组成的东方军和由红一军团、红十四师为主组成的中央军，继续在闽西北地区和抚河与赣江之间地区对国民党军实行不停顿的进攻。红一方面军主力在持续作战而未休整和补充的情况下，于9月下旬仓促开赴中央苏区北线迎击国民党"围剿"部队。

9月25日，完成"围剿"准备的北路军，以3个师的兵力由南城、硝石向黎川发起进攻。东方军奉命由福建省将乐、顺昌北上，拟首先消灭进逼黎川之国民党军，进而与敌在抚河会战。28日，国民党军占领黎川。中革军委为恢复黎川，再令东方军以一部阻止黎川国民党军南进，主力进攻硝石、资溪桥、黎川；令中央军由永丰、乐安地区东移，攻击和牵制南城、南丰地区的国民党军主力，以保障东方军收复黎川。10月6日，东方军在向硝石前进途中，于洵口、飞鸢与由黎川前出侦察之国民党军3个团遭遇，将其大部歼灭后，于9日进攻硝石。

国民党军依托坚固堡垒据守，东方军攻坚数日不克，伤亡严重。中央军主力阻止南城援军也未达目的。13日，"围剿"军4个师进抵硝石，东方军被迫撤出战斗。17日，蒋介石命令"围剿"军继续构筑绵密的碉堡封锁线，稳扎稳打，逐步推进。18日，驻南城4个师由硝石进到潭头市，其先头和黎川之3个师又1个旅进占资溪桥。

在此情况下，中革军委仍令红一方面军主力插入国民党军堡垒密集地区实施强攻。22日，红军以3个师攻击资溪桥和潭头市，主力集结于石峡、洵口、湖坊地区，准备突击被牵动之敌。国民党军据碉坚守，红军连攻4天未克。28日，中革军委决定组建红七、红九军团。此后，中革军委又令红七军团深入抚州附近地区活动，企图调动金溪及南城、南丰之国民党军。11月11日，红七军团向浒湾进攻时，在八角亭附近遭到由金溪县城、琅琚和浒湾出击之国民党军的夹击。红三军团驰援，在八角亭东南受阻，12日向敌阵地攻击，遭受重大伤亡，被迫撤出战斗。红七军团也在阵地被突破后撤退。15—17日，奉命由荐源桥至棠阴的国民党军堡垒线间隙北出作战的红军中央军主力，在云盖山、大雄关遭"围剿"军5个师的攻击，伤亡严重，被迫向苏区内转移。

至此，红军虽经近两个月浴血苦战，却未能御敌于苏区之外，反使部队遭受很大损失，完全陷于被动地位。

红军在北线进攻受挫后，中共临时中央转而采取消极防御的战略，要求红军处处设防，节节抵御，以制止国民党军的"围剿"。此时，驻福建省的国民党第十九路军于11月20日发动了反蒋介石的福建事变，成立中华共和国人民革命政府。蒋介石慌忙从北路军中抽调11个师前往镇压。此时，毛泽东提议，红军主力应突进到以浙江为中心的苏浙皖赣地区，纵横驰骋于杭州、苏州、南京、芜湖、南昌、福州之间，将战略防御转变为战略进攻，威胁敌之根本重地，向广大无堡垒地带寻求作战。而中共临时中央却将红军主力从东线调到西线永丰地区，进攻国民党军的堡垒阵地，从而使红军丧失了打破"围剿"的有利时机。

12月11日，蒋介石为保障其进攻第十九路军的翼侧安全，以第八纵队三个师从黎川向团村、东山、德胜关推进。12日，该纵队两个师向团村附近红五军团阵地发起攻击。红一方面军急调红三军团、红三、红三十四师，从东、西两个方向反击。但因兵力不集中，仅击溃其一部，未能大量歼敌。蒋介石在镇压了福建事变以后，即将入闽部队改编为东路军，协同北路军、南路军，于1934年1月下旬重新开始了对中央苏区的进攻。主力从东、北两个主要方向采取堡垒攻势，向广昌方向进攻，其第三路军主力向建宁推进，第六路军两个纵队从永丰向沙溪、龙冈推进。

在国民党军新的进攻面前，中共临时中央仍然要求中央红军（1934年1月由红一方面军改称）处处设防，广筑碉堡，以阵地防御结合短促突击顶住敌人的进攻。从1月下旬开始，红军全线开展阵地防御战。在赣东方向，国民党军北路军4个师夺取建宁，分两路进攻黎川、建宁间要点横村和樟村，突破红五军团防御后，再攻邱家隘、坪寮，红九军团和红三军团第四师抵御失利，被迫南撤。2月9日，红一、红九军团分别在樟村以西鸡公山及熊家寨与国民党军各1个师激战，失利后被迫南撤。15日，红一军团、红九军团、红三军团第四师、红五军团分别在凤翔峰、司令岩、芦坑与国民党军3个师激战，均未获胜。25日开始，红一军团等部为保卫建宁，在建宁西北山岬嶂与国民党军激战3天，击溃其1个师。

3月上中旬，中央红军与国民党军北路军频繁交战，红军节节失利，损失严重，逐步向广昌撤退。至此，北路军完成了乐安至黎川的堡垒封锁线，开始准备进攻广昌。在闽西北方向，2月24日—3月下旬，红七军团等部先后在沙县、将乐、泰宁、归化（今明溪）等地区与国民党东路军展开激战，失利后被迫向西退守建宁、宁化一线。国民党军东路军亦筑碉步步进逼，向建宁推进，并与北路军第三路军在闽赣边界的德胜关会师。各路"围剿"军的合围紧逼，迫使中央红军主力在广昌、建宁等地与之决战。

4月上旬，国民党军北路军和东路军进到南丰县的康都、西城桥至泰宁一线，并集中11个师分两个纵队沿盱江两岸向广昌进攻。中共中央在红军连续作战、减员很大的情况下，以红一、红三、红九军团及红五军团第十三、第二十三师共9个师的兵力，采取集中对集中、堡垒对堡垒、阵地对阵地的"正规战"，以求阻止国民党军进占广昌。10日开始，国民党军7个师又1个炮兵旅，在大批飞机的配合下，向广昌交替攻击。红军辗转苦战，难于应付。14日，甘竹失守。19日，大罗山、延福嶂阵地丢失，红军反击未能奏效。至下旬，红军被逼至广昌城下。27日，国民党军向广昌城发起总攻，红军拼力抵抗，并组织反击，但未能阻止国民党军的连续攻击。28日，红军退出广昌。

4月下旬至5月中旬，国民党东路军加紧进逼建宁，相继占领太阳嶂、将军殿、弋口、挽舟岭、江家店。16日，东路军在北路军和空军配合下攻占建宁。南路军于5月上旬占领筹门岭要塞。6—7月间，红军在古龙冈以北地区进行了反击作战，均未能阻止国民党军的进攻。苏区范围逐渐缩小。

蒋介石为了加紧对中央苏区中心地区的"围剿"，重新调整部署，于7月上旬开始全面进攻。此时，中革军委以红七军团组成的北上抗日先遣队，从江西省瑞金出发，经福建省向闽浙皖赣边挺进。但此举亦未能牵动国民党"围剿"军回援和减轻对中央苏区的压力。这时，中央苏区的人力、物力都很匮乏，红军已失去了在内线打破国民党军"围剿"的可能。在此情况下，中共中央采取了6路分兵、全线抵御的方针，将红军主力分别配置在兴国、古龙冈、头陂、驿前、连城、筹门岭等地区，继续同国民党军拼消耗。

8月5日，北路军9个师在空军、炮兵的支援下，向驿前以北地区发起攻击。红三军团和红五军团第三十四师奉命在高虎脑、万年亭到驿前约15千米纵深内，实施阵地防御。至月底，击退国民党军多次集团冲击，使其第八十九师丧失了战斗力。但红军也伤亡严重，不得不放弃驿前以北的全部阵地。

8月底9月初，红一、红九军团等部虽在温坊（今文坊）地区伏击、袭击离开堡垒之国民党军，歼灭东路军1个多旅，却未能改变红军的被动局面。下旬，中央苏区仅存瑞金、会昌、雩都（今于都）、兴国、宁都、石城、宁化、长汀等县的狭小地区。21日，中革军委决定，组建红八军团。10月上旬，北路军和东路军加紧对兴国、古龙冈、石城、长汀的进攻，南路军由筠门岭向会昌推进，企图迅速占领上述各地，进而占领宁都、雩都、瑞金，以实现围歼红军的目的。这时，中共中央主要领导人决定，放弃中央苏区。10月7日，中革军委下令地方部队接替各线防御任务，主力红军撤到瑞金、雩都、会昌地区集中。10日，中共中央、中革军委从瑞金出发，率领主力红一、红三、红五、红八、红九军团和中央、军委直属队共8.6万余人，开始实施大规模的战略转移——长征。

此次反"围剿"持续一年之久，中央苏区军民全力以赴，为保卫苏区进行了艰苦卓绝的斗争，付出了巨大代价，给予国民党军大量杀伤。但由于中共中央实行错误的军事战略和作战原则，不正视敌强我弱的事实，盲目地和敌人比实力、拼消耗，使这次反"围剿"作战始终处于被动，以致在红军遭到严重削弱、中央苏区大部丧失的情况下，被迫进行长征。这次反"围剿"的失败也最终给红军以沉痛的教训。

◎故事感悟

第五次反"围剿"的失败，给红军带来了血的代价和教训：不从实际情况出发而单凭着自己的主观臆断去行动，势必会导致失败，产生严重的后果。这就提醒我们，做任何事情都要认清事情的本质所在，尊重客观事实，认真思索分析后再行动。

◎史海撷英

红军前四次反"围剿"战争

中原大战结束后，蒋介石调集军队向南方各革命根据地的红军发动反革命"围剿"。

1930年10月，蒋介石纠集10万兵力，采取"长驱直入，分进合击"的战术，对中央革命根据地发动大规模的"围剿"。红一方面军4万人在毛泽东的领导下，采取"诱敌深入"的作战方针，共歼敌1.5万多人，胜利地粉碎了敌人的第一次"围剿"。

1931年2月，国民党当局又调集20万军队，采取"稳扎稳打，步步为营"的战术，对中央革命根据地进行第二次"围剿"。红军3万人在毛泽东的指挥下，仍坚持"诱敌深入"的方针，集中兵力，各个歼灭。在5月中下旬，连续取得五场战斗的胜利，粉碎了敌人的第二次"围剿"。

1931年7月，蒋介石亲自任总司令，随带英、日、德军事顾问，率重兵30万，采用"长驱直入"战术，分三路进攻中央革命根据地。红军依然使用"诱敌深入"的战略方针，"避敌主力，打其虚弱"。前后3个月，歼敌3万人，胜利地粉碎了敌人的第三次"围剿"。此时，鄂豫皖、湘鄂西等革命根据地也取得了反"围剿"斗争的胜利，使红军和根据地得到了很大的发展。

1932年7月，蒋介石调集30万军队，发动了对鄂豫皖根据地的进攻。由于张国焘的错误领导，红四方面军数战不利，被迫撤离根据地。与此同时，国民党10万军队还向湘鄂西根据地发动进攻。红三军团在夏曦等人的错误指挥下，伤亡惨重，被迫转移到黔东。1932年底，国民党调集30个师的兵力，分三路向中央革命根据地发动第四次"围剿"。红军在周恩来和朱德的指挥下，根据毛泽东积极防御的战略思想，采取"声东击西，大兵团伏击，集中优势兵力，坚决围歼"的作战方针，消灭敌人3个师，取得了第四次反"围剿"的胜利。

◎文苑拾萃

中国工农红军第一方面军

　　中国工农红军第一方面军简称红一方面军，曾称"中央红军"。是土地革命战争时期，中国共产党领导的中国工农红军主力之一。1930年8月由红军第一、三军团组成，朱德任总司令，毛泽东、周恩来先后任总政委。曾在江西中央苏区粉碎国民党军四次"围剿"。1934年10月开始长征。次年10月胜利到达陕甘苏区。抗日战争爆发后改编为八路军115师。

毛泽东著《实践论》

◎你要有知识，你就得参加变革现实的实践。你要知道梨子的滋味，你就得变革梨子，亲自吃一吃。——毛泽东

> 毛泽东（1893—1976年），字润之，笔名子任。中国人民的领袖，马克思主义者，伟大的无产阶级革命家、战略家和理论家，中国共产党、中国人民解放军和中华人民共和国的主要缔造者和领导人，诗人、书法家。中国共产党中央军事委员会主席，曾任中国共产党中央政治局主席和中央委员会主席，中华人民共和国中央人民政府主席和中华人民共和国主席。

　　由于中国共产党内的教条主义和经验主义的错误思想，使中国革命在1931—1934年间遭受极大的损失。于是，毛泽东同志结合马克思主义认识论写下其代表作之一——《实践论》，其书写成于1937年7月。

　　《实践论》就是毛泽东用马克思主义的认识论观点揭露党内的教条主义和经验主义，特别是教条主义的主观主义错误而写的。这篇著作是毛泽东在延安抗日军政大学讲授哲学时讲义的一部分。

　　该著以实践观点为基础，以认识和实践的辩证统一为中心，系统地论述了能动的革命的反映论。它具体地论述了实践及其在认识过程中的地位和作用，强调人类的生产活动是最基本的实践活动，它决定其他一切活动；社会实践有阶级斗争、政治生活、科学和艺术活动等多种形式，其中阶级斗争给人的认识发展以深刻的影响；实践是认识的来源和推动认识发展的动力；只有人们的社会实践，才是人们认识外界的真理性的标准；实践还是认识的目的，无

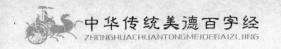
产阶级认识世界的目的是为了改造世界；阶级性和实践性是马克思主义哲学的两个最显著的特点。

该著具体地论述了在实践基础上认识发展的辩证过程，论述了感性认识和理性认识的辩证关系，批判了唯理论和经验论的错误。它指出，人们的认识运动，首先经历由实践到认识的过程，即在实践基础上从感性认识上升到理性认识，这是认识过程的第一次能动的飞跃；经过实践得到的理性认识，还须再回到实践中去，这是认识过程的第二次能动的飞跃，是更重要的飞跃。它还深刻地指出，主观和客观相分裂，认识和实践相脱离，是"左"、"右"倾错误的认识论根源。它强调指出，人的认识过程反复经过这两次飞跃，对于某一发展阶段内的某一客观过程的认识运动，算是完成了。但是对于过程的推移而言，人的认识运动还没有完成。人类认识发展的全过程是实践、认识、再实践、再认识。这种形式循环往复以至无穷，而实践和认识的每一循环的内容，都比较地进到了高一级的程度。

毛泽东在文中论述了绝对真理和相对真理的相互关系问题。他指出，在绝对的总的宇宙发展过程中，各个具体过程的发展都是相对的，因而在绝对真理的长河中，人们对于在各个发展阶段上的具体过程的认识只具有相对的真理性。无数相对真理之总和，就是绝对真理。文中强调，客观现实世界的变化运动永远没有完结，人们在实践中对于真理的认识也就永远没有完结。马克思列宁主义并没有结束真理，而是在实践中不断地开辟认识真理的道路。

◎故事感悟

《实践论》被称为经典，是因为它辩证地去看问题，在实践中总结经验，在经验中提出理论。改造客观世界也改造自己的主观世界，即改造自己的认识能力，改造主观世界同客观世界的关系，以达到主观和客观的统一，使我们真正认识和理解：实践是检验真理的唯一标准。

◎史海撷英

遵义会议

遵义会议是指1935年1月15日至17日，中共中央政治局在贵州遵义召开的独立自主地解决中国革命问题的一次极其重要的扩大会议。是在红军第五次反"围剿"失败和长征初期严重受挫的情况下，为了纠正王明"左"倾领导在军事指挥上的错误，挽救中国红军和中国革命的危机而召开的。会议集中全力解决了当时具有决定意义的军事和组织问题，肯定了毛泽东同志的军事战略主张，确立了毛泽东同志在党和红军中的领导地位。

◎文苑拾萃

毛泽东以文会友

毛泽东与柳亚子之间的深厚友谊，尤其是他们之间的诗词唱和，被世人传为佳话。早在1945年8月，毛泽东赴重庆参加国共谈判时，柳亚子对毛泽东深入虎穴的大智大勇无限敬佩，当即赋诗七律《赠毛润之老友》一首，刊登在《新华日报》上。不久又将"以诗代谏"、"感赋二首"呈送毛泽东。毛泽东将1936年2月在陕北初见大雪之作《沁园春·雪》抄赠柳亚子，柳亚子步韵另填一首《沁园春》和词在重庆各报发表。郭沫若、陈毅、王若飞的舅父黄齐先生等纷纷步原韵作《沁园春》，一时传为佳话。1949年3月，柳亚子因不满意当时的政治、物质待遇，心情郁闷，写了《感事呈毛主席》一诗，大发牢骚，暗示自己要脱离革命队伍。毛泽东接到诗后给柳亚子写了一首《七律·和柳亚子先生》，对其进行耐心的帮助。与此同时，毛泽东还在政治上、生活上关心柳亚子，亲自到他的住处看望他，使柳亚子的思想发生了深刻的变化，写了许多歌颂共产党、歌颂社会主义新中国的诗歌。

卢仁灿下水试深浅

◎不试一试，怎么知道呢？——格言

卢仁灿（1915—2007年），福建省永定县人。1929年参加革命工作，1930年加入中国共产主义青年团，次年转入中国共产党。卢仁灿参加了遵义等战斗，抗日战争时期，任八路军一二九师第三八六旅第七七二团政治处教育股股长、团政治处主任、团政治委员。当选为第五届全国人民代表大会代表，中国人民政治协商会议第六届、七届全国委员会委员，中国共产党第十一届中央纪律检查委员会委员。1955年被授予中国人民解放军海军少将军衔，荣获二级八一勋章、二级独立自由勋章、一级解放勋章和一级红星功勋荣誉章。

1948年春，挺进大别山的刘邓大军主力为暂避蒋军33个旅的全面围攻，主动跳到外线——淮河以北地区休整，相机歼敌。在这种情况下，留下坚持斗争的部队和地方武装经常面临敌军的残酷扫荡和清剿。

夏季的一天，在大别山东南、长江以北一带活动的皖西军区一分区突接军区通报，说大批敌军正对三分区进行疯狂扫荡，要一分区部队迅速向岳西县敌人的巢穴出击，狠狠把敌人敲痛，迫使离巢之敌回救，配合三分区粉碎敌人的扫荡。接到任务，军分区政委兼地委书记卢仁灿和分区司令员孔令甫星夜率所部两千余人奔袭岳西县，指挥部队很快将敌人打退，使扫荡之敌被迫回头救巢。

见出击目的达到，卢仁灿和孔令甫下令收兵，速往回撤。但天不作美，途中突降大雨，山洪暴发。

当走到一条狭窄的山峡时，他们被一条数十米宽的汹涌山洪拦住了去路。

卢仁灿和孔令甫立即派人察看洪情，寻找渡洪地点。过了一会儿，派出去的几批人员陆续回来报告：洪水深，流速急，不能过。

卢仁灿和孔令甫听了，立时焦急起来。因为久滞这里，一旦优势敌军赶到，打起来于我不利；如择道绕行，一则要减慢回撤速度，二则可能会与返巢敌军遭遇。

为避免上述被动局面出现，卢仁灿经过认真思索，毅然决定亲自下水探察，说："我下去试试。"

司令员和周围同志担心他的安全，纷纷加以劝阻。但因卢仁灿执意坚持，只得同意。经过仔细察看，卢仁灿选择了一个地方下水试探。

只见他时而缓缓向前游动，时而停住测试水深流速。洪情察明之后，卢仁灿马上有了渡洪办法，果断地说："这个地方水虽没过头顶，但流速较缓，我们将会水的同志组织起来，排在水中踩水拉起一根大绳子，部队就能拽着绳子渡过去。"其他领导听了，都觉这个办法好，表示完全赞同。

渡洪开始了，卢仁灿身先士卒，拖着已20个小时滴米未进的身体，排在洪峰中间，脚踩水，手拉绳，目送指战员一个接一个从面前渡过，一直坚持了一个多小时，才被后续部队派人换下来。

就这样，两千多人经几小时的连续扶绳急渡，安全顺利地闯过山洪，脱离了险境。

◎故事感悟

做任何事情都应该坚持亲自尝试，不去试一试，怎么能知道河水的深浅，怎么能明白自己的对错，怎么能找出事情的解决办法呢？做事就该实事求是、亲自实践，这样才能认清事实的本质。

◎史海撷英

日军扫荡

1943年秋，日军对晋西北抗日根据地发动了秋季大扫荡，企图破坏和摧毁根

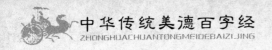
据地。9月3日，日军第五十九旅团3个大队共1500余人，开始对离石东部地区和米峪镇、临县地区实施分区扫荡。经晋绥军区第三、第八军分区军民的打击，日军于16日退回离石至岚县各据点。其第八十五大队500余人在白文镇建立了临时据点。下旬，日军又以2000余人的兵力，从南、北两面扫荡兴县和保德地区，展开了对晋西北抗日根据地的秋季扫荡。

◎文苑拾萃

大别山

大别山位于中国湖北省、河南省、安徽省交界处，东南西北走向。大别山西接桐柏山，东为张八岭，三者合称淮阳山。大别山是长江、淮河的分水岭，其主峰的白马尖，海拔1777米，位于安徽省霍山县南。

关于大别山的名称早在3000多年前的《尚书·禹贡》中就有记载。至于大别山名称的由来，可谓众说纷纭，莫衷一是，但较为流行的有这样几个说法。

有人说她得名于李白。相传当年李白登上了大别山最高峰白马尖（海拔1777米），观赏了南北两侧的景色，发现两侧景色截然不同，不禁赞叹道："山之南山花烂漫，山之北白雪皑皑，此山大别于他山也！"大别山由此得名。

另外一个说法来源于地缘学界，据地缘文化学者考证，现在的大别山所在地在远古的时代曾是一片汪洋。大约20亿年前，由于地壳运动，这里的地面开始隆起，才逐渐形成了现在的大别山。大别山脉与西部的秦岭横亘于我国中部，连绵千余千米，是中国南北水系的分水岭。由于它分开了长江、淮河两大水系，也分开了吴国、楚国两地，从而使得南北两地的气候环境和风俗民情截然有别，所以叫做大别山。

还有一个说法带有神话色彩。据说在洪荒之世，天地浑然一体，亿万生灵被挤压在昏暗的天地之间，后来有一座山轰然升起，用它的脊梁把苍天高高撑起，从此有了天地之分，万物生灵也得以获得光明。由于这座山分出了天和地，分出了白天和黑夜，使天地有别，便取名为大别山。

ZHONGHUACHUANTONGMEIDEBAIZIJING

中华传统美德百字经

实·实事求是

第三篇

人贵有自知之明

庄子劝楚王

◎知彼知己，百战不殆；不知彼而知己，一胜一负；
不知彼，不知己，每战必殆。——孙武

庄子（约公元前369—前286年），名周，字子休（一说子沐）。战国时期宋国蒙（今河南省商丘县东北民权县境内，又说今安徽蒙城县）人，著名的思想家、哲学家、文学家，道家学派的代表人物，老子哲学思想的继承者和发展者，先秦庄子学派的创始人。与道家始祖老子并称为"老庄"，他们的哲学思想体系被思想学术界尊为"老庄哲学"。

　　楚庄王要讨伐越国，庄子劝谏道："大王为什么要讨伐越国呢？"楚庄王答道："因为越国政治混乱，士兵战斗力差。"庄子说："臣认为智慧就像眼睛一样，眼睛能看到百步之外的地方，却看不到自己的睫毛。大王曾经兵败给秦国、晋国，丧失了几百里的土地，这就是士兵战斗力弱了。庄蹻在楚国境内当强盗危害百姓，官吏却不能将其拿获，这就是政治混乱了。大王政治之乱，兵力之弱，似乎也不在越国之下，但却想讨伐越国，这就说明了大王的智慧也像那眼睛一样了（看得到别人，却看不到自己）。"庄王于是取消了这次军事行动。

　　由此可见，一个人的智慧不在于他能够评价别人，而在于能够正确地评价自己，因此说："能够自我评价才称得上有智慧。"

◎故事感悟

　　这个故事说明了"知人易而知己难"的道理。正确地认知自己、了解自己，并且能正确地自我评价，才能称得上有智慧。在当今社会中，为人处世，莫过于此。

◎史海撷英

视权贵如腐鼠

惠施在梁国做了宰相，庄子想去见见这位好朋友。有人急忙报告惠子道："庄子来，是想取代您的相位哩。"惠子很慌恐，想阻止庄子，派人在国都中搜了三日三夜。哪料庄子从容而来拜见他道："南方有只鸟，其名为鹓雏，您可听说过？这鹓雏展翅而起，从南海飞向北海，非梧桐不栖，非练实不食，非醴泉不饮。这时，有只猫头鹰正津津有味地吃着一只腐烂的老鼠，恰好鹓雏从头顶飞过，猫头鹰急忙护住腐鼠。"庄子仰头视之道，"唉！现在您也想用您的梁国来吓我吗？"

◎文苑拾萃

庄子·秋水（节选）

河伯曰："然则吾大天地而小毫末，可乎？"

北海若曰："否。夫物，量无穷，时无止，分无常，终始无故。是故大知观于远近，故小而不寡，大而不多，知量无穷。证曏今故，故遥而不闷，掇而不跂，知时无止。察乎盈虚，故得而不喜，失而不忧，知分之无常也。明乎坦涂，故生而不说，死而不祸，知终始之不可故也。计人之所知，不若其所不知；其生之时，不若未生之时。以其至小，求穷其至大之域，是故迷乱而不能自得也。由此观之，又何以知毫末之足以定至细之倪，又何以知天地之足以穷至大之域！"

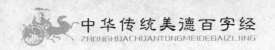

自欺欺人的后果

◎因说自欺欺人，曰："欺人亦是自欺，此又是自欺
之甚者。"——《朱子语类》

楚威王（公元前385—前329年），原名熊商，楚宣王之子。楚威王七年（前333年）打败越王无疆，尽取吴地，在长江边石头山（今清凉山）上建立金陵邑（南京城）。楚威王七年（前333年）大军伐齐，与齐将申缚战于泗水，进国徐州，大败申缚。威王十年而卒，子楚怀王继位。

宋康王在位的时候，十分憎恨楚威王，总是利用各式各样的机会来贬低楚国，甚至在每天上朝的时候，也总不忘诋毁楚国几句，讽刺挖苦楚国。

有一次，他有些忘乎所以，竟说出这样的话："楚国的情况已经糟糕透了，我大概可以吞并楚国了吧？"他说完后竟哈哈大笑起来。这时，他身边的大臣们也随声附和，有的还顺势添油加醋，好像经他们这样一说，楚国很快就会并入他们的疆土了。

这件事后来传到了国外，于是凡是经过楚国来宋国的人都投宋王所好，故意把楚国说得糟糕透顶，以此来讨好宋国。

本来这些都是虚假之词，但官吏们为了迎合国君口味，就以假当真把这些编造的故事层层上报，朝廷再添枝加叶一层层传下来。久而久之，诋毁楚国成了宋国人习以为常的事情。

人们长期传说楚国的不济，便真的以为楚国不堪一击。就连宋康王自己此刻也糊涂起来，不辨真伪，让谎言冲昏了头脑。于是，他头脑中涌起一个狂妄的计划，并且召集满朝文武大声宣布了他这个计划："立即出兵攻打楚国。"

这消息一传出，那些糊涂的大臣立即响应，连声称赞决断英明，但也有一些头脑清醒而又正直的大臣感到事态严重，华犨就是其中的一个。

他对宋康王说："陛下，您下命令要三思啊。您知道，事实上宋国不是楚国的对手。打个比方说吧，楚国的力量好比犤（古代传说中的一种力大无比的巨牛）牛，而我们宋国的力量好比鼢鼠，相差太悬殊了。退一万步说，即使真像陛下说的那样，楚国的力量还是比宋国大得多呀。宋国是一，楚国是十；宋国打十次胜仗，也抵不上被楚国打败一次。我们切不可轻率出兵啊！"

此时的宋康王已经昏了头，他根本听不进去任何劝告，而且还表现出很厌烦的样子，坚持出兵。

战争开始了，楚国没有丝毫准备，显得有点招架不住，居然在颍上被宋军击败。这一来，更令宋康王忘乎所以，以为楚国不堪一击，于是准备继续进军。

这种情况，华犨看得十分明白，他忧虑地继续劝阻道："陛下，应该见好就收，适可而止了。我听说，小胜大，多半是由于大的没有准备。侥幸是不能持久的，胜利了不可骄傲，对敌国不能轻视，不要侮辱，况且楚国这样的大国更加侮辱不得呀。现在，表面上楚国害怕了，可是陛下您要记住大惧小，灾祸到。要深思啊！"

可此时的宋康王早已听不进任何忠言。他火冒三丈，大发雷霆，甚至要降罪于华犨。华犨见宋康王执迷不悟，又深知宋康王的执迷不悟必然导致宋国的大祸，联想自己也处境艰难，便连夜逃奔到齐国去了。

第二年，宋国不自量力，又一次发兵骚扰楚国。他们还以为会像上次一样，轻而易举地取胜。谁知，这时的楚国同一年前可截然不同了。他们已经做好了充分的准备，并且抱着一种复仇的心理迎接宋国的挑战。见宋国来犯，毫不犹豫地进行有力的还击，迅速击溃了宋军，并一鼓作气踏平了宋国。

◎故事感悟

宋康王闭眼不接受事实，也拒不接受忠告，最后落了个丧国丧己的结果。这

说明，认识代替不了实际，客观事物是不以人的意志为转移的。闭眼不看客观事实，想当然办事，是注定会失败的。

◎史海撷英

齐灭宋之战

战国时期，宋拥有工商业大城陶（今山东定陶西北），引起齐、秦等国的觊觎之心。而宋王偃在杀其君自立后，对外灭滕、薛，并楚淮北地；对内行暴政，使国内动荡不安，陷于困境，给齐、秦以可乘之机。齐欲灭宋以利于向中原扩张，却遭到秦的干涉。齐湣王纳策士苏秦之议，去帝号，并与赵会于阿（今阳谷东北），于周赧王二十七年（前288）攻宋，取其淮北地；次年，又与韩、赵、魏、燕合纵攻秦，同时出兵攻宋平陵（今定陶东北）。二十九年，齐以主张联秦的韩珉为相，苏秦又赴秦为齐游说，齐随即发动第三次攻宋。宋民久苦于"桀宋"虐政，民心离散，城池不守。齐军得以迅速攻破宋城，宋王偃逃至魏，死于温（今河南温县西）。齐虽占有宋地，但因连年用兵南方，造成北部防御空虚，国力损耗过大，且诸侯不容齐国之强，以致危机四伏，终于引发两年后五国合纵破齐。

◎文苑拾萃

惠盎见宋康王

战国时，宋康王非常迷信武力，特别喜欢勇武的人。有一次，有个书生惠盎去见他。康王见他是个儒生，顿足大笑说："我所喜欢的是勇敢有力的人，不喜欢书生。客人您准备用什么来指教我呢？"

惠盎说："我这里有一种办法，可以使那些勇敢的人刺不入；虽有力气，却击不中，大王您想知道这种办法吗？"宋康王说："好呀！这种办法我倒很想听听。"惠盎说："刺不入，击不中，虽然好，但有人敢于击、敢于刺，毕竟还是受了侮辱。我还有一种办法，使得那些勇敢的人不敢刺，虽然有力，也不敢去击。不过，所谓不敢，不等于不想，只是时机未到而已。我还有一种更好的办法，使得一切人根本不想去刺，不想去击。这不更好吗？"

"当然不想去刺，不想去击，也就是不理会你，哪里比得上互相亲爱，互相帮助呢！我还有一种办法，使天下的人都非常高兴，互相亲爱，互相帮助，这种办法比勇敢有力的人更高一筹。这是上面四种办法中最好的办法了，难道大王您就不想知道吗？"

　　宋王说："这种办法好啊！我真想得到它。"惠盎说："孔墨的仁义道德就是这样的办法。孔子、墨翟，自己没有国土，却被人当做君王一样看待；虽然没有官职，却被人们以最高的长官一样尊之。天下的男人和女人，无不伸长脖子、踮起脚跟来盼望，使得到相安相利。如今大王是拥有万乘兵车的国主，如果你确实有行孔墨主张的意愿，那么全国都会得到它的利益的，您会比孔墨更胜得多了。"

　　宋王听了，无言以对。惠盎退了出来。宋康王对左右的大臣们说："这个人真是善辩啊！我真是被他说服了。"

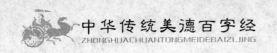
邹忌与徐公"比美"

◎知人者智也，自知者明也。——老子

> 邹忌（公元前385—前319年），齐国人。齐桓公时就任大臣，威王时为相，封于下邳（今江苏邳县西南），号成侯。后又事齐宣王。

邹忌是战国时人，在齐宣王朝廷里当宰相。

邹忌长得很美，而且举止潇洒，走起路来刚健中透出几分飘逸。他对自己的美貌很自豪，他的家人、朋友都说他是天下第一美男子。他也非常注意自己的仪表，每天都要对着镜子照几遍。

一天，邹忌对着青铜镜仔细照了照自己的脸，发现眉毛太浓了一点，又仔细一看，上面还有几道抬头纹，觉得不怎么好看。他擦了擦镜子，再看，还是那样。就叫来妻子，问她："我和城北徐公相比，谁美？"妻子亲昵地说："夫君，您美极了，徐公怎么比得上您呢？"

城北徐公是齐国公认的美男子。邹忌只是远远地看过几眼，从来没有对着镜子和徐公比一比。听了妻子的话，邹忌还不敢自信，又打发人去叫小妾。这个小妾是邹忌不久前新娶来的，家境贫寒，父母双亡，卖身为奴到了邹忌家，被邹忌纳为妾。她一听邹忌有话要问，立刻怯生生地走了过来。邹忌问："我和城北徐公相比，谁美？"小妾娇怯地说："徐公怎么比得上您呢？"

第二天，家里来了一个客人，寒暄几句之后，邹忌问客人："我和城北徐公相比，谁美？"客人爽快地说："当然是您美，城北徐公比您差远了。"说完就拜托邹忌在齐王面前美言几句，以便在朝廷里谋一个差事干。

有一天，城北徐公来邹忌家做客，向他推荐一位贤才。邹忌一听徐公来了，立即吩咐："有请徐公。"

徐公在邹府门外下了马车，迈开刚健优美的步伐走进了邹忌的宅院。邹忌看徐公的步态，觉得从容和缓中蕴涵着阳刚之气，比自己在朝廷中多年养成的那种小心翼翼的步子好看多了。把徐公请进客厅里，分宾主落座，两人亲切地叙谈起来。邹忌差点儿忘了徐公的来意，一会儿端详徐公的脸，一会儿审视自己映入镜中的脸；一会儿窥视徐公的肩，一会儿对照对照自己映入镜中的肩，觉得自己比徐公差太远了。

徐公受人之托，说明了来意。邹忌答应面见那位贤才。没多久，徐公告辞而去。

邹忌送走徐公，望着徐公渐渐远去的背影，久久伫立着。他被徐公的美貌深深折服，同时顾影自怜，发现自己越来越多的缺点：徐公的眉毛像两柄利剑，配上那双会说话的眼睛，忽闪忽闪的，动人极了；而自己的眉毛由于长期陪伴君王，早已变得向下低垂，不能上下闪动了。徐公的背笔直挺拔，双肩又平又齐，像一棵斗雪傲霜的苍松；而自己的背，由于多年在朝廷站立，不敢仰视，已经有点弯曲，双肩也变得一高一低了。

晚上，邹忌躺在床上，翻来覆去睡不着觉。他终于弄清了一个简单的事实：自己不如徐公美。那么，为什么妻子、小妾、客人都异口同声地说自己比徐公美呢？答案也是明摆着的：妻子说我美，是因为爱我；小妾说我美，是因为怕我；客人说我美，是因为有求于我。感情和功利都会蒙蔽人的眼睛。

第二天，邹忌到了朝廷，向齐王奏明了自己的观点，并说："现在大王宫中的妃子个个都想得到您的宠爱，朝臣人人都怕遭到您的贬责，境内到处都有想求您恩典的人。这样看，您听到的好话太多了，受到的蒙蔽太多了。"

于是，齐王下令："凡是能当面指出我的过错的人，受上等奖赏；写信批评我的人，受中等奖赏；在街头巷尾议论我的过失，传到我耳朵里的，受下等奖赏。"齐国由此富强起来。

◎故事感悟

　　像邹忌一样承认自己的不足，需要很大的勇气。在阿谀奉承中莫晕头转向，在赞美表彰中莫得意忘形，在失落消沉中莫自卑自轻，在挫折失败中莫自我否定。正确认识自己，远比认识别人难得多。

◎史海撷英

长勺之战

　　周庄王十三年（公元前684年），齐桓公派兵攻鲁。当时齐强鲁弱。两军在长勺（今山东莱芜东北）相遇。鲁军按兵不动，齐军三次击鼓发动进攻，均未奏效，士气低落。鲁军一鼓作气，打败齐军。后乘胜追击，直逼齐国国都，获得了长勺之战的胜利。

◎文苑拾萃

公孙闬帮助邹忌排挤田忌

　　成侯邹忌是齐国的相国，田忌是齐国的大将，两人感情不睦，互相猜忌。公孙闬献计给邹忌说："阁下何不策动大王，令田忌率兵伐魏。打了胜仗，那是您策划得好，大可居功；一旦战败，田忌假如不死在战场，回国也必定枉死在军法之下。"邹忌认为他说得有理，于是劝说齐威王派田忌讨伐魏国。

　　谁料田忌三战皆胜，邹忌赶紧找公孙闬商量对策。公孙闬就让邹忌派人带着十斤黄金招摇过市找人占卜，并让他自我介绍道："我是田忌将军的臣属，如今将军三战三胜，名震天下，现在欲图大事，麻烦你占卜一下，看看吉凶如何？"卜卦的人刚走，邹忌就派人逮捕占卜的人，在齐王面前验证这番话。田忌闻言大恐，出走避祸。

曹参的自知之明

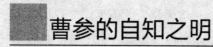

◎不以物喜，不以己悲。——范仲淹

> 曹参（？—前190年），字敬伯，江苏沛县人，西汉开国功臣，名将，继萧何后的汉代第二位相国。刘邦称帝后，对有功之臣论功行赏，曹参功居第二，赐爵平阳侯，仅次于萧何。史载曹参"身被七十创，攻城略地，功最多，宜第一"。汉高祖刘邦即皇帝位后，把长子刘肥封为齐王，任命曹参为齐国相国；汉惠帝二年（公元前193年），汉丞相萧何死后，曹参继任汉丞相，并遵照萧何所制定的政策治理国家。汉惠帝五年（公元前190年），曹参死，谥为懿侯。

    曹参继任汉丞相，仍然行无为之治，每日饮酒，几乎什么事都不干。长此以往，不但同僚不能理解，就连汉惠帝也沉不住气了。

    丞相的职责乃是治理国家，参预朝政大事，为皇帝排忧解难。现在曹参身为丞相而不治事，莫非由于我年轻而看不起我吗？当时曹参的儿子也在朝中为官。汉惠帝让他回家质问父亲：先帝当年托付重臣辅佐当今皇上，皇上现在还年轻，你曹参身为丞相，每日只知饮酒，也不向皇上请示汇报，这样怎么考虑天下大事啊？曹参之子机灵，回家劝谏父亲，隐瞒了汉惠帝的话，只当是自己的意见。

    曹参一听，勃然大怒，把他狠狠地打了一顿，叱道："你小子知道什么？也敢谈论天下大事！赶快给我进宫伺候皇上去！"

    曹参责打的是自己的儿子，得罪的却是皇帝。

    这下汉惠帝当真生气了，在朝会上当面谴责曹参。曹参自然装糊涂，马上脱帽谢罪，然后发言："请陛下自己考虑一下，陛下的圣明神武比得上高帝吗？"汉惠帝说："我怎敢与先帝相比！"曹参又问："陛下看我与萧何，哪一个更加高明？"汉惠帝说："依我看，你似乎不及萧何。"于是曹参继续说道："陛下说的是！高帝与萧何平天下、定法令，一应俱全，明确无误。现在陛下只需垂衣拱手、无为而治，我等一班朝臣守住职位、按部就班，遵循原有法度而不改变，不也就可以了吗？"汉惠帝无言以对，只得说："好！曹参！现在你可以回去休息了。"

◎故事感悟

俗话说，人贵有自知之明。自知之明是最大的聪明。曹参就是因为正确地认识自己，实事求是，才能很好地治理国家。

◎史海撷英

巨鹿之战

公元前208年，赵王歇被秦军将领王离率领20万大军围困在巨鹿（今河北平乡），无奈之下派使者向楚怀王求援。当时秦军十分强大，没有人敢前去迎战。项羽为报秦军杀叔父项梁之仇主动请缨，于是楚怀王便以宋义为上将军，项羽为次将，范增为末将，率军六万余以解巨鹿之困。

援赵大军进至安阳（今山东曹阳东南）后，不敢前进。项羽痛斥宋义的怯懦行为并杀死了他。楚怀王遂封项羽为上将军，并令英布和蒲将军两支起义军也归其指挥。

项羽先派遣部将英布、蒲将军率领两万人为先锋，渡过漳河，切断秦军运粮通道。然后，项羽亲率全部主力渡河，并下令全军将士破釜沉舟，每人只携带三天的干粮，以示决一死战之决心。楚军个个士气振奋，以一当十，奋勇死战，九战九捷，大败秦军。此时，齐、燕等各路援军也冲出营垒助战，最后俘获了秦军统帅王离，杀了其副将。巨鹿之困因而得解。

◎文苑拾萃

曹参

（宋）王安石

束发河山百战功，白头富贵亦成空。

华堂不著新歌舞，却要区区一老翁。

曹参庙

（宋）李复

百战皆收第一功，几回旁叹泣良弓。

白头始识人间事，归向东州问盖公。

大蜀皇帝潜龙日述圣德诗五首（节选）

（唐）僧贯休

丈夫勋业正乾坤，麟凤龟龙尽在门。

西伯最怜耕让畔，曹参空爱酒盈樽。

心慈为受金仙嘱，发白缘酬玉砌恩。

从此于门转高大，可怜子子与孙孙。

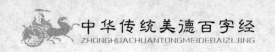

唐太宗谈自知

◎自知者不怨人，知命者不怨天。——荀子

> 唐太宗李世民（599—649年），陇西成纪人，祖籍赵郡隆庆。政治家、军事家、书法家、诗人。即位为帝后，积极听取群臣的意见，努力学习文治天下，成功转型为中国史上最出名的政治家与明君之一。

有一次，唐太宗在皇宫举行宴会。在宴会上，唐太宗对魏征说："你看我这些年来的政事与以前相比有什么不同吗？"

魏征回答说："若论陛下的神威，应该说比贞观之初影响更远；然而要论人心的敬佩、诚服，恐怕不如以往。"

太宗听后，反问道："现在边远的一些国家都敬畏我的威力，仰慕我国的政治。如果不是心悦诚服，为什么能够做到这些呢？"

魏征说："以前，陛下您总是担忧国家治理不好，所以政绩日新；而现在您却认为一切都治理得安稳、太平，所以没有长进，不如过去。"

太宗听后，又问道："既然如此，那么为什么现在的做法与以前相同，却会产生不同的结果呢？"

魏征说："贞观之初，陛下总是担心群臣不提意见，因此就诚恳地让大家提出有益的建议，高高兴兴地接受。现在虽然也能勉强接受，但总是面带难色，所以说与过去是不同的。"

太宗又问："那么，用什么事实可以证明呢？"

　　魏征说："陛下以前曾经想要杀掉元律师，当时孙伏伽认为按照法律规定，不应处死他。陛下便赐给孙伏伽价值百万的兰陵公主的庄园，有的人认为赏赐太优厚了，陛下您却说：'我即位以来，还没有人给我提过意见，所以要对敢于提出意见的孙伏伽以厚赏。'这说明陛下是鼓励大家提意见。还有，司户柳雄伪造自己在隋朝任官的资历，陛下要杀掉他，后来由于听了戴胄的劝谏而没有杀他，这说明陛下是高高兴兴地接受并听从群臣的意见。可是，前些时候，皇甫德参上书批评修缮洛阳宫，陛下对此十分气愤，后来虽然因为我求情而没有惩处他，但您却是十分勉强的。"

　　太宗听了以后感慨地说："最可悲的是不能自知。若是没有魏征，我怎么能明白这个道理呢？"

◎故事感悟

　　一个人能否正确地认识自己，直接决定他怎样处理自己和别人的关系，这种态度会体现在他的一言一行之中。自我认识就是自我定位。唐太宗的成功来自他对当时时局的正确分析，来自他对自己作为一个帝王与人民、与臣下关系的正确认识。他懂得怎样才能做好一个帝王，怎样正确认识自己取得的成就。

◎史海撷英

唐太宗论弓矢

　　皇上对教太子读书的官员萧璃说："朕小时候喜好弓箭，拥有好弓十几把，自己觉得没有比这些再好的了，近来把它给造弓的工匠看，工匠却说都不是好弓，朕就问他原因。他说：'木心不是直的，那么木头的纹理都不正，即使弓有力但射出的箭也不会直。'朕才想到熟悉的东西也不能达到分辨出好坏，朕靠着弓骑平定四方统一全国，但都不能做到十分了解，更何况天下大事呢，哪能够全都知道？"于是命令京中五品以上的官员轮换住在中书省，多次召见，问他们民间疾苦和政事得失。

◎文苑拾萃

正日临朝

李世民

条风开献节,灰律动初阳。

百蛮奉遐赆,万国朝未央。

虽无舜禹迹,幸欣天地康。

车轨同八表,书文混四方。

赫奕俨冠盖,纷纶盛服章。

羽旄飞驰道,钟鼓震岩廊。

组练辉霞色,霜戟耀朝光。

晨宵怀至理,终愧抚遐荒。

人各有能，有不能

◎天外有天，人外有人。——谚语

> 　　唐高宗李治（628—683年），字为善。唐太宗第九子，母文德顺圣皇后长孙氏。贞观五年（631年）封晋王。七年，遥授并州都督。太宗晚年，太子李承乾和魏王李泰间发生了争夺皇位继承权的斗争。十七年，李承乾谋杀李泰未遂。事发，太宗废太子承乾，黜魏王泰，改立晋王李治为太子。二十三年五月，太宗去世，李治即位，是为唐高宗，时年22岁。次年（650年）改元永徽。弘道元年（683年）十二月，高宗去世。葬于乾陵。庙号高宗，谥号天皇大帝、天皇大弘孝皇帝，天皇大圣大弘孝皇帝。

　　一次，唐高宗李治来到濮阳，窦德玄骑马跟随，皇帝问窦德玄："濮阳这个地方又叫帝丘，你知道为什么吗？"窦德玄回答不出来。许敬宗从后面骑马跑到前面来说："过去颛顼曾经在这里居住，所以才叫帝丘。"皇帝李治称赞说："回答得对。"许敬宗退到后面对别人说："做大臣的人不能没有学问，我看见窦德玄回答不出来，心里实在替他害臊。"窦德玄听到了许敬宗的话，说："每个人，都有做得到和做不到的，我不勉强回答自己本来不知道的事情，这是我能够做到的。"

　　李治说："许敬宗见闻广博，确实不错；窦德玄所说的话，也是非常正确的。"

◎故事感悟

　　尺有所短，寸有所长。人人都有做得了做不了的事。窦德玄能够正确认识自

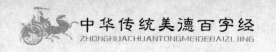
己的能力，并且诚实面对自己"所不能"，这种尊重实际、坦荡无私的胸怀的确是难能可贵的。

◎史海撷英

永徽之治

"永徽之治"指的是唐高宗李治统治时期的一段盛世。唐高宗共在位三十四年（649—683年），前六年号永徽。高宗在即位之初，继续执行太宗制定的各项政治经济制度，与李绩、长孙无忌、褚遂良共同辅政。他们君臣都牢记太宗的遗训遗嘱，并奉行不渝。高宗即位时即对群臣宣布："事有不便于百姓者，悉宜陈，不尽者更封奏。"并日引刺史入阁，问以百姓疾苦；训令崇俭，并下令："自京官及外州有献鹰隼及犬马者罪之。"高宗君臣们萧规曹随，照太宗时法令执行，故永徽年间，边陲安定（击败西突厥的进攻），百姓阜安（人口从贞观年间的不满300万户，增加到380万户），有贞观之遗风，史称"永徽之治"。

◎文苑拾萃

唐代佛塔

唐代两百多年间，随着佛教的流传和逐步发展，全国各地佛教宗派不断发展，从而使佛教寺院得以大发展，建立浪多寺院，其中也建造了浪多佛塔。

唐代佛教发展的地域第一重点区当为陕西长安。长安是当时的都城，佛寺和佛塔星罗棋布。例如，有著名的慈恩寺大雁塔、荐福寺小雁塔、青龙寺塔、兴教寺玄奘塔、香积寺善导大师塔、草堂寺鸠摩罗什塔、玄秘塔等。除此之外，在陕西各地的寺塔，有周至县八云寺塔、眉县唐塔、蒲城县慧彻寺塔和崇寿寺塔、礼泉县香积寺塔、郿县东山塔等。

欧阳修巧劝宋祁

◎攻我之过者，未必皆无过之人也。苟求无过之人攻
我，则终身不得闻过矣。——吕坤

> 　　欧阳修（1007—1072年），字永叔，自号醉翁，晚年号六一居士，谥号文忠，世称欧阳文忠公。汉族，吉安永丰（今属江西）人，自称庐陵人。北宋时期政治家、文学家、史学家和诗人。与唐韩愈、柳宗元，宋王安石、苏洵、苏轼、苏辙、曾巩合称"唐宋八大家"。

　　宋祁写文章爱用冷僻的字词，以显示自己博学多才。比如"蓬生麻中，不扶而直"这是很好懂的句子，他偏偏要改为"蓬在麻不扶而挺"，用"挺"来代替"直"字，结果反而使好懂的句子变得不好懂了。

　　欧阳修参加修《新唐书》后，看到宋祁爱用冷僻字，很想给宋祁提出来。宋祁比欧阳修大20岁，欧阳修不好直说，非常着急。

　　一天，欧阳修去探望宋祁，赶巧宋祁不在，他灵机一动，便在门上写道："宵寐匪贞，札闼洪休。"随后就在附近散步。宋祁回来，瞧见这八个大字，问道："谁在门上乱画？"

　　"啊，我写的！"欧阳修赶上前去，说："对不起，把您的门弄脏了。"

　　宋祁见是欧阳修，转怒为笑，说："永叔先生来了，失迎失迎。"他本是个爱用冷僻字的老手，望着门上的字，他一时也懵了，问："这写的是什么意思呢？"

　　"怎么？你忘了？"欧阳修笑着说"这八个字就是'夜梦不祥，题门大吉'啊！"

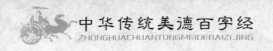
宋祁恍然大悟，一会儿，他不以为然地说："你就写'夜梦不祥，题门大吉'好了，何苦用这种冷僻字眼儿呢？"

欧阳修哈哈大笑，说："这就是您老修《唐书》的手法呀！'迅雷不及掩耳'，多明白，您偏写什么'震雷无暇掩聪'，这样写出的史书谁能读懂呢？"

宋祁脸红了，他又是惭愧，又是感激，宋祁诚恳地接受了欧阳修的建议。他们这种个人服从大局的品质和有自知之明的觉悟被后人所称颂。

◎故事感悟

事物总分为大和小两方面，不管做什么，都要顾全大局，按照事物的规律办事，这样才是正确的方向。人也要有自知之明，只有懂得自己的长处和短处，才能够更好地进步。

◎史海撷英

开创应用文概念

欧阳修是杰出的应用文章家。他一生著述颇丰，《欧阳修全集》有文章2651篇，应用文2619篇，可见他的文章写作主要是应用文写作；还撰有《新五代史》74卷，《新唐书》75卷。他不仅应用文写作颇有建树，而且对应用文理论贡献也很大。

他还创立应用文概念。应用文一词最早见于南宋张侃的《跋陈后山再任校官谢启》："骈四俪六，特应用文耳。"张只涉及应用文取"四六"的语言形式，严格说来还不能说明确了应用文概念。欧阳修在《辞副枢密与两府书》中云，嘉祐五年十一月奉制命授枢密副使，"学为应用之文"。这里的应用文是指公文文体。他在同一年的《免进五代史状》中自述为得功各事无用之时文，得功名后，"不忍忘其素习，时有妄作，皆应用文字"，"文字"即文章。这里的应用文指实用文章。可见，欧阳修是从文体形式、实用性质两方面来明确应用文概念的，他已把应用文当做独立的文章体裁。

◎**文苑拾萃**

醉翁亭记

欧阳修

　　环滁皆山也。其西南诸峰，林壑尤美，望之蔚然而深秀者，琅琊也。山行六七里，渐闻水声潺潺，而泻出于两峰之间者，酿泉也。峰回路转，有亭翼然临于泉上者，醉翁亭也。作亭者谁？山之僧曰智仙也。名之者谁？太守自谓也。太守与客来饮于此，饮少辄醉，而年又最高，故自号曰醉翁也。醉翁之意不在酒，在乎山水之间也。山水之乐，得之心而寓之酒也。

　　若夫日出而林霏开，云归而岩穴暝，晦明变化者，山间之朝暮也。野芳发而幽香，佳木秀而繁阴，风霜高洁，水落而石出者，山间之四时也。朝而注，暮而归，四时之景不同，而乐亦无穷也。

　　至于负者歌于途，行者休于树，前者呼，后者应，伛偻提携，往来而不绝者，滁人游也。临溪而渔，溪深而鱼肥；酿泉为酒，泉香而酒洌；山肴野蔌，杂然而前陈者，太守宴也。宴酣之乐，非丝非竹；射者中，弈者胜；觥筹交错，起坐而喧哗者，众宾欢也。苍颜白发，颓然乎其间者，太守醉也。

　　已而夕阳在山，人影散乱，太守归而宾客从也。树林阴翳，鸣声上下，游人去而禽鸟乐也。然而禽鸟知山林之乐，而不知人之乐；人知从太守游而乐，不知太守之乐其乐也。醉能同其乐，醒能述以文者，太守也。太守谓谁？庐陵欧阳修也。

好“偷听”的漫画家

◎一个人在犯错误并不是坏事，更不是什么耻辱，要
在实践中勇于承认和改正错误。——格言

丰子恺（1898—1975年）原名丰润，曾用名丰仁、婴行，号子恺，字仁。浙江桐乡石门镇人。我国现代画家、散文家、美术教育家、音乐教育家、漫画家和翻译家，是一位在多方面都卓有成就的文艺大师。新中国成立后曾任中国美术家协会常务理事、美协上海分会主席、上海中国画院院长、上海对外文化协会副会长等职。被国际友人誉为“现代中国最像艺术家的艺术家”。丰子恺风格独特的漫画作品影响很大，深受人们的喜爱。

丰子恺是一位在多方面都卓有成就的文艺大师。他在青年时代作画时，喜欢从人民的日常生活中取材，并能向生活中的内行请教，虚心倾听他们的意见。

有一次，他曾作过这样一幅画：一个人牵着几只羊，每只羊的颈上都系着一根绳子。画好了挂在墙上，正好被给他家挑水的青年农民看见了，那个农民笑着说：“牵羊的时候，不论几只，只要用一根绳子系着带头的那一只，其余的就都跟上来了。”他听了以后恍然大悟，同时想起了杜处士的故事。他重画了一张，然后把那故事讲给女儿听。他说从前有个杜处士，珍藏着一幅“斗牛图”，是唐朝名画家戴嵩的作品。有一天他把画拿出来挂在门上晒，一个过路的牧童看到了，说：“画错了！画错了！”杜处士听了心里想，一个乡下小儿竟敢批评起名画家来了，这还了得，便很不以为然地问错在哪里。牧童说，两牛相斗，牛最用力的是两只角，尾巴总是紧紧地夹在两股中间的；画上的两只牛，尾巴都翘起来，这不是画错了么？丰先生讲完故事很感慨地

说，看来要画好画，不但必须仔细观察事物，还应该多向各种各样的人请教。

丰子恺喜欢偷偷听取批评的意见。在他的《画师日记》里有一段话写道："赞美的话不足道，批评的话才可贵。"为了听到真实的批评话，他常常偷听别人对他的画的评价。

他住在嘉兴的时候，有一次带孩子们到烟雨楼去玩。当女儿剥吃南湖菱的时候，忽听邻座有几位游客提到父亲的名字，她正要说话，丰先生立刻示意她不要出声。这时有个人说："丰子恺画的人真怪，有的没有五官，有的脸上只有两条横线。这难道算是时髦吗？"其实这是丰先生受到日本画家竹久梦二的影响，叫作"有意无笔"或"意到笔不到"。这样可以更含蓄，更耐人寻味，更给人以遐想的余地。但丰子恺还是吸取了那位茶客的意见，从此在人物刻画上更下工夫，注意通过生动的姿态来表达没有五官的面部的神情。

1940年，丰先生全家流浪到贵州遵义，寄居在郊外的一座庄院里。有一天，他的女儿随他到庄前田野中去散步，走累了坐在一条石凳上歇脚。不一会儿一群人路过这里，见了石凳，也坐下来闲谈。其中一个人指着庄院说："你们知道吗？丰子恺就住在这个庄院里。"大家一听就纷纷议论起丰先生的画来了。丰先生立刻把头靠在膝上假装打瞌睡，生怕被他们认出来了听不到心里话。他们说了些赞美的话，什么"独具一格"、"中外闻名"之类。唯独一位五十岁左右的人发表了不同的意见。他说："我总觉得丰子恺画的背景比较单调，往往几幅画背景都差不多。再说他最近在报上发表的几幅画，人物穿的是内地服装，背景却是江南的。看来他画惯了江南的山水，内地的山水一时还画不像。"这些意见丰先生一一牢记在心，一回家就记《画师日记》，记的全是批评话。

从那以后，他常常到郊外去写生。按照别人的意见仔细观察，认真写生，把当地的山形水色一一收入画册，尽量表现生活的本来面目。

◎故事感悟

丰子恺的"偷听"就是不断进取和探求真理的求实精神！我们也应该有这样

一种精神，才能提高自己各方面的素质。做任何事情，都要像他那样虚心、诚恳，这样才能完善自己。

◎史海撷英

我国第一本漫画集

1922年，丰子恺在浙江上虞白马湖春晖中学任教，那时便开始作漫画。有几幅画发表于《我们》杂志上。1924年，丰子恺辞去教职到上海创办立达学园。1925年，丰子恺的漫画在郑振铎主编的《文学周报》上连续发表，称为"子恺漫画"。1925年12月由文学周报社出版《子恺漫画》，内收画60幅，这是丰子恺的第一本画集，也是中国的第一本漫画集。

◎文苑拾萃

《子恺漫画选》自序节选

我作这些画的时候，是一个已有两三个孩子的二十七八岁的青年。我同一般青年父亲一样，疼爱我的孩子。我真心地爱他们：他们笑了，我觉得比我自己笑更快活；他们哭了，我觉得比我自己哭更悲伤；他们吃东西，我觉得比我自己吃更美味，他们跌一跤，我觉得比我自己跌一跤更痛……

我常常抱孩子，喂孩子吃食，替孩子包尿布，唱小曲逗孩子睡觉，描图画引孩子笑乐；有时和孩子们一起用积木搭汽车，或者坐在小凳上"乘火车"。我非常亲近他们，常常和他们共同生活。这"亲近"也是这些画材所由来。由于"热爱"和"亲近"，我深深地体会了孩子们的心理，发现了一个和成人世界完全不同的儿童世界。儿童富有感情，却缺乏理智；儿童富有欲望，而不能抑制。因此儿童世界非常广大自由，在这里可以随心所欲地提出一切愿望和要求：房子的屋顶可以要求拆去，以便看飞机；眠床里可以要求生花草，飞蝴蝶，以便游玩；凳子的脚可以给穿鞋子；房间里可以筑铁路和火车站；亲兄妹可以做新官人和新娘子；天上的月亮可以要它下来……成人们笑他们"傻"，称他们的生活为"儿戏"，常常骂他们"淘气"，禁止他们"吵闹"。这是成人的主观主义看法，是不理解儿童心理的人的粗暴态度。我能热爱他们，亲近他们，因此能深深地理解他们的心理，而确信他们这种行为是出于真诚的，值得注意的，因此兴奋而认真地作这些画。

　　以上是我三十年前作这些画时的琐事和偶感，也可说是我的创作动机与创作经验。然而这都不外乎"舐犊情深"的表现，对读者有什么益处呢？哪里有供读者参考的价值呢？怎么能帮助他们在生活中发现画材呢？

　　无疑，这些画的本身是琐屑卑微，不足道的。只是有一句话可以告诉读者：我对于我的描画对象是"热爱"的，是"亲近"的，是深入"理解"的，是"设身处地"地体验的。

　　画家倘能用这样的态度来对付更可爱的、更有价值的、更伟大的对象而创作绘画，我想他也许可以在生活中——尤其是在今日新中国的生气蓬勃的生活中——发现更多的画材，而作出更美的绘画。如果这句话是对的，那么这些画总算具有间接帮助读者的功能，就让它们出版吧。

林巧稚学中医

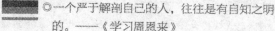

◎一个严于解剖自己的人，往往是有自知之明
的。——《学习周恩来》

　　林巧稚（1901—1983年），厦门鼓浪屿人，医学家、中国妇产科学的主要开拓者之一，北京协和医院第一位中国籍妇产科主任及首届中国科学院唯一的女学部委员。在胎儿宫内呼吸性盆腔疾病、妇科肿瘤、新生儿溶血症等方面的研究取得了出色的成就，是中国现代妇产科学的奠基人之一。

　　早在新中国诞生之前，林巧稚就已经是造诣极高、誉满中华的名医了。

　　林巧稚学的是西医。有一次，一位妇女前来看病。这位病人已被别的医院确诊为癌症，家属怀着最后一线希望请林巧稚复查，看看是否还有什么办法。

　　医生是不能讲假话的。林巧稚经过各种化验检查，凭着自己多年的经验进行判断，最后不得不摇头叹息，告诉病人的家属："确实是癌病，而且到了晚期，无法手术切除，只能服药拖延了。""您看还能活多长时间？"家属问。

　　林巧稚想了一会儿，说："要不了两年。"家属感谢医生交了底，扶着病人回去了。

　　林巧稚的病人很多，她不可能时刻记挂着每一位患者。

　　过了四年，她忽然想起了这件事，便去信向家属了解情况。不料，回信到了，信上说，那位癌症病人仍然活着！

　　这简直是一个奇迹！为了弄明白其中的原因，林巧稚亲自跑到患者的家里去了。大夫登门拜访，患者非常高兴，她告诉林医生："这四年来，她一直看中医，吃草药。""感觉怎么样？"林医生急问。"还好，不光走路没问题，我还能做饭、洗衣服、看小孩……"患者回答说。

林巧稚用拳头捶着自己的头，大声地自责："哎呀，我是多么蠢啊！"

从此，她一面同患者保持联系，一面开始思索：看来，光当一个好西医还远远不够，中医中药不可忽视。中医和西医就好比鸟儿的双翅，自己只有一个翅膀怎么成呢？她开始利用一切业余时间攻读中医书籍。

过了不久，北京协和医院妇产科来了一位著名的老中医，名叫王志敏，林巧稚就拜他为师，从头学起。王志敏看病时，林巧稚坐在旁边，仔细地观察，认真地记录，体会中医的诊断奥秘。尽管王老先生的检查手段极为简单，但诊断结果却往往与西医相同，这更使林巧稚感到自己的不足，坚定了学习的决心。

中国科学院成立时，林巧稚是学部委员中的第一个女同志。按照人们通常的认识，她的地位已经很高了，她的学识水平也早为海内外所公认了，然而她仍然把自己当成一名小学生。

有一年，协和医院举办了一期中医学讲座，每周占用两个晚上的时间授课。对于紧张工作了一天的医生来说，要坚持听课困难是很大的。可是人们发现，每次讲座开始之前，总有一位头发花白的女医生赶到礼堂，习惯地在前排找一个位置坐下。开始讲课了，她取出笔记本，戴上老花镜，记得十分用心。

课讲完了，授课人特意走到她身边，笑着说："林医生，您是专家。如果发现我有讲得不妥的地方，可得及时指正呀！"

林巧稚慌忙起立，说："可不要这样，我今天就是你的学生，一名普通的学生。你要是太客气，反而叫我难为情。说到专家，也是相对的，你专在这一点，我专在另一点，我们都不可能是全才。如果检查我的全部医疗记录，也有不少误诊的例子哩！"接着，她讲出了曾给一位癌症患者宣判"死刑"而未死的病例。

林巧稚谦虚好学一生，她终生未嫁，直到逝世前，还在不停地学习、工作。

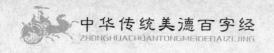
◎故事感悟

　　只有自知之明的人，才不会妄自称大、不学无术，才懂得谦虚地去学习，去丰富自己的知识。学无止境，探索不息。对于我们来讲，知识的海洋永远是宽广无垠的。我们应该努力去探求知识的真谛，增长我们的智慧。

◎史海撷英

林巧稚对妇科癌症的贡献

　　中华人民共和国成立后，协和医院妇产科治疗任务日益繁重。林巧稚深感癌症是妇科疾病的最大难点。据她不完全统计，每年大约有100多万妇女死于癌症。她重返协和医院后，就组织在染色质、染色体的遗传学方面进行探讨，提出病毒可能是肿瘤的病因之一。她带领学生对葡萄胎、子宫绒毛膜上皮癌进行长期了解和跟踪检查。总结1948年7月1月到1958年12月底接收住院的158人滋养细胞肿瘤患者，其中良性葡萄胎86人，恶性葡萄胎27人，绒毛膜上皮癌42人，合体细胞子宫内膜炎3人。恶性葡萄胎病例中24例发生远处转移，86例良性葡萄胎竟有9例发生远处转移，这一事实推翻了此前国外专家认为良性葡萄胎不转移的结论。

　　在她分析癌症发展变化的同时，北京市政府接受了她对妇科的普查建议，于1958年9月经她组织抽样83个机关单位、27所学校、22处居民地段的7万多29岁以上妇女进行检查，结果发现患有子宫颈糜烂、子宫颈瘤、子宫颈癌、葡萄胎和绒毛膜上皮癌者都各占一定比例。已入花甲之年，林巧稚知道自己在有生之年未必能彻底征服癌症，便找来学生连利娟、宋鸿钊，把自己自1948年以来所积累下来的癌症追踪资料全部交给了他们。

ZHONGHUACHUANTONGMEIDEBAIZIJING

中华传统美德百字经

实·实事求是

第四篇

治学要求实　真理须坚持

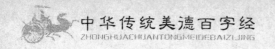

河间献王治学态度

◎严谨慎重，智慧之源。——格言

汉武帝刘彻（公元前156—前87年），字通，汉朝第七位皇帝，中国古代伟大的政治家、战略家、诗人、民族英雄。在位54年（公元前141—前87年），建立了西汉王朝最辉煌的功业。曾用年号建元、元光、元朔、元狩、元鼎、元封、太初、天汉、太始、征和、后元。谥号"孝武"，后葬于茂陵。

河间献王是汉武帝的同父异母弟。他所在的河间国面积虽然很小，但在汉初的诸侯叛乱中却保持了安定。再加上河间献王自幼热爱古代文化，又有皇子这样一种特殊身份，所以，四面八方的学者不远千里到河间国来讲学，研习经典，一时河间国成了一个学术中心。

秦以前的古书大部分是用竹简、木简书写的，经过战乱、焚书、水灾和蝗虫咬食，已经所剩无几了。所以汉朝初年传授先秦典籍，还要依据那些经历了秦始皇焚书坑儒而幸存下来的老年学者的口授，他们的记忆就是活资料。但常常会出现这种情况，同一部书，几个学者记诵的不一样。读起来的似乎都有道理，却又不知道究竟哪个是正确的，哪个是错误的。

善学好古、实事求是的河间献王并没有被这些困难吓倒，他决心在众说纷纭中清理出一个头绪，以便让人们拨开丛生的杂草，踏出一条通向古代文化的蹊径。

儒家经典的博大精深，令河间献王感到仰之弥高，钻之弥坚。但孔子的

72个大弟子早在传授和解释时就出现了分歧，形成了不同的流派，加上字形讹异，古今音变，像一团乱麻，不知该从哪里下手。河间献王遵循孔子倡导的"知之为知之，不知为不知"、"多闻阙疑"的原则，主张实事求是，就是用事实作证据，以便去伪存真、舍非求是。

河间献王把希望寄托在先秦古书上，试图用先秦古书来验证那些不同的说法，以确定真伪是非。

有一次，河间献王从民间得到一部善本书，他非常珍爱，就赏给了献书人很多金帛，并让擅长写字的人从头到尾精心抄写一遍。这件事一传开，那些祖先存有古书的人家，纷纷把珍藏多年的古书献出来。几年下来，河间献王的藏书竟与西汉朝廷相等。《周官》、《尚书》、《礼》、《礼记》、《孟子》以及《老子》之类，古本真传都收藏在河间王府里。

河间献王把古代经典整理好以后，就用儒家的六经——诗经、书经、易经、礼经、乐经、春秋作为教材教育儒生，并设立毛氏诗博士和左氏春秋博士两个高级职称，在河间国发展起儒学教育事业。儒家讲求身体力行，河间献王依照古代礼乐制度，进行实际操演，要求群臣的举止动作和语言都合乎六经的规范。这样，各地的儒者都纷纷来到河间国学习。

汉武帝时，河间献王到咸阳朝见皇帝，带来一支演奏雅乐的歌舞队，表演以后，大受汉武帝赏识。汉武帝在辟雍、明堂、灵台三处宫殿里召见了河间献王，向他征询对整理古代文化遗产的意见。河间献王发表了简明扼要而又中肯的看法。后来，汉武帝采纳了河间献王的建议，建立了收藏古书的国家图书馆，设置了抄写古书的政府机构。

◎故事感悟

河间献王为保存和整理古代文化遗产做出了杰出贡献。他用事实作证据，去伪存真，舍非求是，他开创了实事求是的治学风气，体现了儒学的真谛。这种严谨治学的态度在今天依然需要继承和发扬。

◎史海撷英

抗击匈奴

汉武帝抗击匈奴是发生在西汉年间的一件影响重大的事件。他成功地抗击了匈奴的侵扰，进一步巩固了汉初新兴的封建政权。

匈奴是中国北方一个古老的游牧民族。汉朝初年，已建立了奴隶制国家，国势强盛。东面打败了东胡，西面赶走了居住在今甘肃境内的大月氏，北面臣服了丁零族，而在南面，匈奴则经常侵犯汉朝边境，有时竟深入到离汉朝都城仅350千米的地方，严重地威胁着汉朝封建政权。

汉高祖刘邦在公元前200年曾亲率32万大军攻打匈奴，却被匈奴40万军队围困在白登山（今山西大同市东南）7天7夜。此后，刘邦为了全力对付内部封建割据势力，对匈奴暂时采取了"和亲"政策。把宗室女子嫁给匈奴首领，每年送去一定数量的黄金、绢、絮、米、酒，允许人民往来买卖。以后几代皇帝，虽然一度注意改革边防制度，实行屯田垦荒，但都没能彻底解决这个问题。

◎文苑拾萃

独尊儒术

汉武帝听取董仲舒的建议，"罢黜百家，独尊儒术"，开创中国传统主流文化之正统，在中华传统文化舞台上独领风骚两千余年，受到历代统治者所推崇。这里要说明的是，汉武帝并非限制其他各家的发展，致使大力提倡儒家的大家向儒法结合的方向发展。例如，夏侯始昌既研习儒家又通晓阴阳五行家；宰相公孙弘兼治儒法两家；主父偃以纵横家起家；耿直的汲黯、司马谈、司马迁以黄老学说起家。

陈寿实写诸葛亮

◎科学尊重事实，不能胡说、编造理由来附会一部学
说。——李四光

> 陈寿（233—297年），字承祚，巴西安汉（现在四川南充）人。西晋史学家。他小
> 时候好学，师事同郡学者谯周，在蜀汉时曾任卫将军主簿、东观秘书郎、观阁令史、
> 散骑黄门侍郎等职。当时，宦官黄皓专权，大臣都曲意附从。陈寿因为不肯屈从黄皓，
> 所以屡遭遣黜。入晋以后，历任著作郎、长平太守、治书待御史等职。公元280年，
> 晋灭东吴，结束了分裂局面。陈寿当时48岁，开始撰写《三国志》。

　　一天，陈寿在书房里写《三国志》。刚写下《诸葛亮传》几个字时，表叔
看他来了。在和表叔的谈话中，陈寿知道了一段史实：陈寿的父亲原是诸葛
亮部下的一名将领。有一次因处事不当，受到诸葛亮的处罚，并且以军法处
理。陈寿父亲受处分以后，精神受到打击，从此萎靡不振，郁郁寡欢，身体
越来越坏，最后忧郁而死。听完这段史实，陈寿说："诸葛亮纪律严明，父亲
有错，改正就是，怎么想不通呢？"

　　"你还为诸葛亮辩护，真是不孝之子。你自己又怎样呢？虽有才学，但几
次考试都受到宦官的阻拦、迫害，想必你也记得吧！"

　　说到自己，陈寿有直接感受。可是，这跟写《诸葛亮传》毫无关系。陈
寿说："咱们家的事与诸葛亮的为人怎么能混在一起呢？"

　　"为什么不能混在一起？"表叔生气地说，"如果我表兄在世，他不会让
你写诸葛亮传的。"当表叔有些消气时，陈寿说："表叔，你说说，诸葛亮这
个人对汉朝忠心耿耿，一心扶助汉主。他严于律己，失街亭斩马谡后，自己

要求降三级。他足智多谋，就拿空城计来说，没有一定的胆量是不行的。他的一生，百战百胜，是个了不起的人物……"

表叔听了陈寿的话后，觉得也有道理，但他不承认。只说："你好好想想，我还有事。"就推托走了。表叔走后，陈寿反复思考了他的话，理清了写作思路。

第二天，陈寿的同窗好友来了。陈寿把自己想写诸葛亮的计划以及表叔的话详细地告诉了他，想听听朋友的看法。朋友含蓄地说："你是一个历史学家，是在写历史，而不是写家史。汉朝司马迁写《史记》时，他尊重史实，公正地评判历史事件和人物，不夸张，也不抹杀。所以，人们把《史记》看成是一部光辉的历史名著。"

陈寿思想通了，于是他提起笔，一气呵成，写完了《诸葛亮传》。后人说，《诸葛亮传》在《三国志》中是最好的一篇文章。

◎故事感悟

朋友的一席话，不仅打开了陈寿的心扉，也让我们明白，不管做任何事情，要做到尊重事实而抛弃个人情感，诚实无私，敢于坚持真理，实事求是。

◎史海撷英

晋灭吴之战

晋灭吴之战是西晋咸宁五年（279年）11月至次年3月，晋武帝司马炎发兵，水陆并进，直取建业（今江苏省南京市），一举灭吴国，实现统一的战争。

司马氏建立晋王朝后，据有原魏、蜀之地，吴国仍然据有今长江中、下游及岭南等地区。双方接壤数千里，时常有战火发生。从晋朝泰始五年（269年）起，晋武帝就筹划剿灭吴国，于是一面改善内政，开发农业、积存粮食；一面优选将帅，造楼船，练水军。而吴国国君孙皓却不修内政，暴虐荒淫，导致民穷财竭，上下离心；又自恃水军强大，凭借长江天险，戒备松散。

当年11月，晋武帝发兵20余万，分六路进军攻打吴国，第二年2月初，攻克丹阳城（今湖北省秭归东）后，攻破吴军横断江路之铁锁铁锥，船行无阻，后来又擒获吴西线统帅、都督孙歆。

在东线战场，吴国丞相张悌率领3万军队渡过长江迎战，被晋国的军队夹击，大败而归，晋军当机立断，挥师直指建业，吴军惊恐怯懦，不战而降，士卒闻讯逃散，于是吴国宣告灭亡。

此战，西晋准备周密充分，善择战机，兵分多路，水陆并进，发挥强大水军作用，临机果断，一举获胜。吴主昏庸，防务松弛，将士离心，缺乏统一对策，招致节节失败。晋灭吴后，东汉末年以来分裂数十年的中国复归统一。

◎文苑拾萃

《三国志》

《三国志》全书65卷，《魏书》30卷，《蜀书》15卷，《吴书》20卷。陈寿是晋朝朝臣，晋承魏而得天下，所以《三国志》尊魏为正统。《三国志》为曹操写了本纪，而《蜀书》和《吴书》则记刘备为《先主传》，记孙权称《吴主传》，均只有传，没有纪。

《三国志》位列中国古代二十四史记载时间顺序第四位，与《史记》（司马迁）、《汉书》（班固）、《后汉书》（范晔、司马彪）并称前四史。

《三国志》不仅是一部史学巨著，更是一部文学巨著。陈寿在尊重史实的基础上，以简练、优美的语言为我们绘制了一幅幅三国人物肖像图，人物塑造得非常生动。

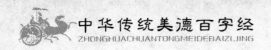
史才需"三长"，史德是基础

◎人之持身立事，常成于慎，而败于纵。——方孝孺

> 刘子玄（生卒年不详），本名知几，楚州刺史胤之族之孙。少与兄知柔俱以词学知名，20岁时举进士，后掌管国史的编写。

唐朝时，刘子玄掌管国史的编写，先后共20多年。他撰述的史书很多，受到当时人们的称赞。

开元年间，礼部尚书郑惟忠曾询问他："自古以来，文学之士多而史学之才少，这是为什么呢？"刘子玄回答说："史才需要具备三方面的长处，世上很少有这样的人，因此史才就少了。这三长是：才、学、识。有学识而无才能，就像有良田百顷、黄金满笼，但是让愚笨的人去经营，最终也不会招来生意。如果有才能却无学识，就好像一个人的心思比两个石匠合起来还工巧，手艺高超得像鲁班，但家里没有好木料、好工具，最终也造不成大房大屋。此外，还须好善正直，善的、恶的必须如实记载，使之成为骄主贼臣恐惧的东西，假若有人想为他们说好话，但不是善的就加不进去，这样就可以所向无敌了。如果不具备这些长处，就是愧居史官的职位了。然而，自远古以来，能符合'三长'的人太少见了。"

刘子玄的这一席话，被当时的人认为是极有见解之言。

◎故事感悟

有了才、学、识，再加上德，才能作出良史。作史的人，要"慎于心术"，不以史家的主观倾向影响史实的客观记载，"尽其天而不益于人"，则良史可成。如果史书作者心术不正，没有史德，则所纂史书的价值就大为可疑了，比如清朝人之"烧毁书籍，改作《(明)实录》"。

◎史海撷英

唐玄宗改革吏治

唐玄宗采纳张九龄的建议，制定官吏的迁调制度。选取京官中有能之士，将其外调为都督刺史，以训练他们的处事才能及培养他们的行政经验。同时又选取都督刺史中有作为者，将其升为京官。这样内外互调，增进了中央与地方的沟通、了解和信任。唐玄宗亦将全国分为十五道，于各道置采访使，以监督地方州县的官员，并考察地方官吏的政绩。而在选拔人才方面，唐玄宗亦对科举制度做出改革，限制了进士科及第的人数，以减少冗官的出现，提高官吏整体的素质。

◎文苑拾萃

礼部尚书

礼部为中国古代官署，南北朝北周始设，隋唐为六部之一，历代相沿。长官为礼部尚书，考吉、嘉、军、宾、凶五礼之用；管理全国学校事务及科举考试及藩属和外国之注来事。礼部下设四司，明清皆为：仪制清吏司，掌嘉礼、军礼及管理学务、科举考试事；祠祭清吏司，掌吉礼、凶礼事务；主客清吏司，掌宾礼及接待外宾事务；精膳清吏司，掌筵飨廪饩牲牢事务。四司之外，清设有铸印局，掌铸造皇帝宝印及内外官员印信。会同四译馆，掌接待各藩属、外国贡使及翻译等事。光绪三十二年（1906 年），清政府宣布"仿行宪政"，将原设之太常寺、光禄寺、鸿胪寺并入礼部。礼部内部机构中添设承政、参议二厅，仪制、太常、光禄三司及礼器库、礼学馆。宣统三年（1911 年），将礼部改为典礼院，成为清政府专管朝廷坛庙、陵寝之礼乐及制造典守事宜，并掌修明礼乐、更定章制的机关。

礼部一般设有：尚书一人，正二品；侍郎一人，从二品；郎中四人，员外郎四人，主事多人。掌礼仪、祭享、贡举之政。其属有四：一曰礼部，二曰祠部，三曰膳部，四曰主客。

吴兢不改史

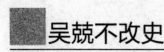

◎图大者，当谨于微。——吕近溪

> 吴兢（670—749年），汴州浚仪（今河南开封）人。武周时入史馆，修国史，迁右拾遗内供奉。唐中宗时，改右补阙，累迁起居郎，水部郎中。唐玄宗时为谏议大夫，修文馆学士，卫尉少卿兼修国史，太子左庶子，也曾任台、洪、饶、蕲等州刺史，加银青光禄大夫，迁相州，封长垣县子，后改邺郡太守，回京又任恒王傅。著有《贞观政要》一书，至今流传。

　　唐中宗时，吴兢和史学家刘知几合作，撰写了《则天皇后实录》。有一件史实是这样的：武则天晚年有两个宠臣，一个叫张宗昌，一个叫张易之，二张依仗武则天的宠爱，横行霸道。宰相魏元忠建议武则天不该留二张在身边。二张知道后，对魏元忠恨之入骨，又怕武则天死后，魏元忠会对他俩下手，就密谋诬陷魏元忠有谋反之意。武则天听信了谗言，将魏元忠逮捕入狱。张宗昌又暗中诱逼凤阁舍人张说出堂作证，说事成后，提拔他。张说只得答应了。同僚宋璟对张说说："名义至重，鬼神难欺；万万不能伙同小人陷害忠良啊！"在同僚的激发下，张说在朝堂上言道："臣确实没听魏元忠有此言，是张昌宗逼我作证的。"魏元忠才得以免死。

　　吴兢对这件事，直言不讳，如实做了记载。

　　张说担任了宰相，兼管国史。看到上述那段史实的记载，感到很难堪，认为有损自己的形象，就动了改史的念头。

一天张说去国史馆，翻阅国史，假装说："刘知几这人太不人道了，故意让我难堪！"实际他明明知道是吴兢写的。吴兢听了，立刻站了起来，说："是我写的，史稿尚在，你不能错怪死去的刘知几！"史官们惊得变了脸色，吴兢毫不畏惧，仍坚持如实记载。

张说又暗地里去求吴兢，做几个字的更改，还说："一定知恩图报！"又软言乞求了好一段时间。吴兢终未答应，说："假如答应了您的请求，那么这部书就算不得史实了；不算作史实，又怎么让后人相信呢！希望您能够谅解我。"

◎故事感悟

通过这个故事，我们感受到了吴兢那不畏权势、坚持正义、尊重史实、治学严谨的精神，以及维护中国历史尊严的高贵品质。这种精神是永远值得称颂的，而且我们也要把这种美德传承下去。

◎史海撷英

唐朝的货币制度

唐王朝建立后，迅速出台了自己的铸币政策。武德四年（621年）七月，"废五铢钱，行开元通宝钱，径八分，重二铢四象，积十文重一两，一千文重六斤四两"。确立了国家铸币的法币地位。同时，又继承魏晋南北朝时期以绢帛为货币的传统，实行了"钱帛兼行"的货币制度——钱即铜钱，帛则是丝织物的总称，包括锦、绣、绫、罗、绢、绝、绮、缣、细等，实际上是一种以实物货币和金属货币兼而行之的多元货币制度。唐政府不断出台严厉打击私铸和滥铸等法令，但是由于铜钱供应量严重短缺，币值不断上升坚挺，私铸和滥铸有暴利可图，所以成效并不理想。两税法实行以后，社会发展中长期存在的一大矛盾，突出表现为钱重物轻，即所谓"钱荒"的问题不断恶化。

◎文苑拾萃

《贞观政要》

　　《贞观政要》是一部政论性的史书。这部书以记言为主，所记基本上是贞观年间唐太宗李世民与臣下魏征、王珪、房玄龄、杜如晦等人关于施政问题的对话以及一些大臣的谏议和劝谏奏疏。此外，也记载了一些政治、经济上的重大措施。

　　《贞观政要》虽记载史实，但不按时间顺序组织全书，而是从总结唐太宗治国施政经验，告诫当今皇上的意图出发，将君臣问答、奏疏、方略等材料，按照为君之道、任贤纳谏、君臣鉴戒、教诫太子、道德伦理、正身修德、崇尚儒术、固本宽刑、征伐安边、善始慎终等一系列专题内容归类排列，使这部著作既有史实，又有很强的政论色彩；既是唐太宗贞观之治的历史记录，又蕴含着丰富的治国安民的政治观点和成功的施政经验。这部书是对史学史上古老记言体裁加以改造更新而创作出来的，是一部独具特色、对后人富有启发的历史著作。

王安石两奏改错注

◎大凡做一件事，就要当一件事。若是苟且疏忽，定不成一件事。——吕坤

王安石（1021—1086年），字介甫，号半山，封荆国公。汉族。临川人（今江西省抚州市人），北宋杰出的政治家、思想家、文学家、改革家，唐宋八大家之一。有《王临川集》、《临川集拾遗》等存世。官至宰相，主张改革变法。诗作《元日》、《梅花》等最为著名。

熙宁四年（1071年），宋朝大学者王安石接受了一道皇上的谕旨，组织学者重新注释《周礼》、《毛诗》和《尚书》。这可是个劳心伤神的事。因为那时候的资料并不详尽，检索手段也十分落后，要完成这些注释难度是很大的。

担任《毛诗》注释的是王安石和他的儿子。父子俩废寝忘食、夜以继日地翻阅资料，反复推敲，细心审核，取得极大的成功，但也遇到了很多棘手的问题。《毛诗·豳风·七月》中，有"八月剥枣"这个诗句，在前人的注释中，把这个"剥"字注释为"去掉"。王安石父子根据诗中"八月剥枣，十月获稻，为此春酒，以介寿眉"的上下文，推出"剥者，剥其皮而进之，所以养老也"的新义。但是事后，王安石总觉得不妥。

熙宁八年（1075年），全国发行《新经毛诗义》以后，王安石仍然忐忑不安，生怕书中有所疏漏。过了5年，王安石就此事接连向宋神宗上奏了两个折子：第一次上奏《论改诗义扎子》，作了自我批评，认为自己的校审工作不够仔细；第二次上奏议折，提出删掉"剥枣"的注释。认为"说文解字"应当和人们的共同看法一致，哪怕是稍有不妥的地方，也必须纠正。

原来，王安石惦记着注释中的"剥枣"一词，在秋收季节，他特意到附近的农村走了一趟。看到家家户户都忙着收割，就向村里的娃娃们询问："你们的爹娘到哪里去了？"孩子们用他们那稚嫩的乡音答道："去枣园'打枣'去了。"王安石听了，茅塞顿开——噢，原来"剥枣"就是"打枣"的意思啊！于是，他马上赶回上奏皇上，要求去掉他原来作的注释，按照实际的意思重新作注。

这件事过去很长一段时间后，王安石每当谈及，都不免内疚一番。心想，早知道这样，就应该在注释以前亲自到农民的枣园里问一问，了解一下剥枣的真正含义，怎么能想当然地妄下结论呢。

◎故事感悟

我们应该学习王安石严谨治学、谦逊求实的态度，不要人云亦云，自己不做认真的分析便附和别人。特别是为图虚名，到处拿别人的东西来装饰自己门面的治学态度，更应该摒弃。只有踏踏实实地学习，不断提高自己的文学水平，才能开拓我们的视野，扩大我们的知识面，提高我们的文学艺术水平。

◎史海撷英

王安石变法

由于深得宋神宗赏识，熙宁二年（1069年），王安石出任参知政事，次年又升任宰相，开始大力推行改革，进行变法。王安石明确提出理财是宰相要抓的头等大事，阐释了政事和理财的关系，并认为，只有在发展生产的基础上，才能解决好国家财政问题。

执政以后，王安石继续发挥了他的这一见解。在改革中，他把发展生产作为当务之急而摆在头等重要的位置上。王安石虽然强调了国家政权在改革中的领导作用，但他并不赞成国家过多地干预社会生产和经济生活，反对搞过多的专利征榷，提出和坚持"榷法不宜太多"的主张和做法。在王安石上述思想的指导下，变法派制订和实施了一系列新法，从农业到手工业、商业，从乡村到城市，展开了广泛的社会改革。与此同时，王安石为首的变法派改革军事制度，以提高军队的素质和战斗力，强化对广大农村的控制；为培养更多社会需要的人才，对科举、学校教育制度也进行了改革。但变法触犯了大地主、大官僚的利益，后来两官太后、皇亲国戚和保守派士大夫联合起来，共同反对变法。

◎文苑拾萃

千秋岁引

王安石

别馆寒砧，孤城画角，一派秋声入寥廓。

东归燕从海上去，南来雁向沙头落。

楚台风，庾楼月，宛如昨。

无奈被些名利缚，无奈被它情耽阁，可惜风流总闲却。

当初谩留华表语，而今误我秦楼约。

梦阑时，酒醒后，思量著。

顾炎武的治学态度

◎特别值得警惕的是，古来一般学者最容易患的是穿凿的毛病。——邓拓

顾炎武（1613—1682年），苏州府昆山县（今江苏昆山）人，原名绛，字忠清。明亡后改名炎武，字宁人，亦自署蒋山佣。尊称为亭林先生。明末清初著名的思想家、史学家、语言学家。曾参加抗清斗争，后来致力于学术研究。晚年侧重经学的考证，考订古音，分古韵为10部。著有《日知录》、《音学五书》等。

明清之际，杰出的思想家和史学家顾炎武用大半生的时间和精力写了一部洋洋八十万言的读书札记《日知录》。这部"负经世之志，著资治之书"的巨著，"凡关家国之制，皆洞悉其所由盛衰利弊，而慨然著其化裁通变之道，词尤切至明白"（清黄汝成：《日知录集释》叙）。

《日知录》问世三百多年来，始终被学术界尊为精品，以至成为清一代文史大家如阎若璩、钱大昕、唐甄、朱彝尊、方苞、全祖望、戴震、赵翼、姚鼐、洪亮吉、刘逢禄、魏源等一再疏正论辩的"显学"。

虽是一部倾注大量心血精炼而成的巨著，但顾氏为该书所写自序却只有短短的61字："愚自少读书，有所得，辄记之。其有不合，时复改定。或古人先我而有者，则遂削之。积三十余年，乃成一编。取子夏之言，名曰《日知录》，以正后之君子。东吴顾炎武。"倘若减掉书名来源和作者籍贯姓名所占十五字，则仅余四十六字，真是精练得不能再精练了。其意是说，我从小读书养成一个习惯，每有心得，便信手记录下来。日后发现与新材料和新认识

有不合之处，就反复修改。倘若发现与古人所见略同，则干脆删除。日积月累，花30年工夫写成本书，期待后世方家审正。自序所言"愚自少读书，有所得，辄记之"，"或古人先我而有者，则遂削之"，是务实，表现了顾炎武刻苦钻研、独立思考，尊重先辈劳动，不掠他人之美的严谨治学态度；"其有不合，时复改定"，"以正后之君子"，是求真，反映了顾炎武勇于探索、认真修正，谦虚谨慎、无愧后人检验的扎实治学精神。

顾炎武毕生提倡务实求真、去芜存菁的学风，反对治学中的蜻蜓点水和沽名钓誉现象。他把追名逐利、草率自刻文集的人斥之为"失足落井"，把不辨良莠、盲目为这类文集作序斥之为"落井下石"："某君欲自刻其文集，以求名于世，此如人之失足而坠井也。若更为之序，岂不犹之下石乎！"更鄙视投机取巧、粗制滥造，甚至变相攫取前人学术成果的劣迹。他在《与人书十》中以铸钱来比喻治学，抨击不学无术之徒想铸新钱又不肯"采铜于山"，只好去收买"废铜"或"将古人传世之宝，舂锉碎散"，偷工减料、以次充好："尝谓今人纂辑之书，正如今人之铸钱。古人采铜于山，今人则买旧钱，名之曰废铜，以充铸而已。所铸之钱，既已粗恶，而又将古人传世之宝，舂锉碎散，不存于后，岂不两失之乎！"

与这些投机取巧的做法不同，顾炎武治学则本着精品意识，惨淡经营，一丝不苟。他常年埋头于汗牛充栋的史料之中，披沙拣金，为辑《天下郡国利病书》而"历览二十一史以及天下郡县志书，一代名公文集及章奏文册之类"，有得即录，可谓竭泽而渔了。但是，他仍然感到书中尚有"与今不尽合"之处，亦须"增补"。故而完稿之后"存之箧中"，不肯轻易示人，"以待后之君子斟酌去取"。他对待著述精益求精、慎之又慎的精神，是何等令人肃然起敬！当友人向他问起《日知录》的写作进度时，他如实回答："某自别来一载，早夜诵读，反复寻究，仅得十余条。然庶几采山之铜也。"古往今来，精辟的读书札记大多以短见长，少者数十字，多者数百字，最多者也不过二三千字。顾炎武潜心"采山之铜"，笔耕一年，"反复寻究，仅得十余

条"，充其量也不过万把字。这种"十年磨一剑"的经验之谈，又是何等令人振聋发聩！

◎故事感悟

顾炎武的治学精神，源于他对社会、对真理的责任意识。他治学绝非一时心血来潮，即兴而作，而是作为毕生的追求，数年如一日，锲而不舍。用他的话来说，就是"平生之志与业，皆在其中"（《又与友人论门人书》）。

◎史海撷英

李自成建立"大顺"

1639年，张献忠在谷城（位于湖北襄樊）重新起义，李自成从商洛山中率数千人马杀出。1640年，李自成趁明军主力在四川追剿张献忠之际入河南，收留饥民，郑廉在《豫变纪略》载李自成大赈饥民的盛况："向之朽贯红粟，贼乃藉之，以出示开仓而赈饥民。远近饥民荷锄而往，应之者如流水，日夜不绝，一呼百万，而其势燎原不可扑。"自此李自成军队发展到数万，提出"均田免赋"口号，即民歌之"迎闯王，不纳粮"。崇祯十四年正月二十日（1641年1月）攻克洛阳，杀万历皇帝的儿子福王朱常洵，从后园弄出几头鹿，与福王的肉一起共煮，名为"福禄宴"，与将士们共享，称"奉天倡义文武大元帅"。之后在一年半之内三围省城开封未果，最后一次趁黄河决堤冲毁开封，先后杀死陕西总督傅宗龙、汪乔年。10月在河南郏县败明陕西巡抚孙传庭。与此同时，明朝对清朝战事不利，3月，洪承畴降清。11月，清军第五次入塞，深入山东，掠走36万人。

1643年1月，李自成在襄阳称"新顺王"。3月，杀与之合军的农民领袖罗汝才，4月杀叛将袁时中，5月张献忠克武昌建立"大西"政权。10月，李自成攻破潼关，杀死督师孙传庭，占领陕西全省。1644年1月，李自成在西安称帝，以李继迁为太祖，建国号"大顺"。

◎文苑拾萃

日知录

顾炎武

有亡国，有亡天下。亡国与亡天下奚辨，曰：易姓改号谓之亡国，仁义充塞而至于率兽食人，人将相食，谓之亡天下。

魏晋人之清谈何以亡天下？是孟子所谓杨墨之言至于使天下无父无君而入禽兽者也。昔者嵇绍之父康被杀于晋文王，至武帝革命之时，而山涛荐之入仕，绍时屏居私门，欲辞不就。涛谓之曰："为君思之久矣．天地四时犹有消息，而况于人乎一时。"传诵以为明言，而不知其败义伤教至于率天下而无父者也．夫绍之于晋，非其君也，忘其父而事其非君。当其未死三十余年之间，为无父之人亦已久矣，而汤阴之死何足以赎其罪乎？且其入仕之初，岂知必有乘舆败绩之事，而可树其忠名以盖于晚也。

自正始以来，而大义之不明遍于天下。如山涛者既为邪说之魁，遂使嵇绍之贤且犯天下之不韪而不顾。夫邪正之说，不容两立，使谓绍为忠，则必谓王裒为不忠而后可也。何怪其相率臣于刘聪、石勒，观其故主青衣行酒而不以动其心者乎？是故知保天下，然后知保其国。保国者，其君其臣肉食者谋之；保天下者，匹夫之贱，与有责焉耳。

治学严谨的国学大师黄侃

◎凡事都要脚踏实地去做，不驰于空想。——李大钊

> 黄侃（1886—1935年），初名乔鼐，后更名乔馨，最后改为侃，字季刚，又字季子，晚年自号量守居士，湖北省蕲春县人。1905年留学日本，在东京师事章太炎，受小学、经学，为章氏门下大弟子。1914年后，曾在北京大学、武昌高等师范（武汉大学前身）、北京师范大学、山西大学、东北大学、中央大学（南京大学前身）、金陵大学等学校任教授。在北京大学期间，向刘师培学习，尽通春秋左氏学的家法。

黄侃师事国学大师章太炎，擅长音韵训诂，兼通文学，历任北京大学、东南大学、武昌高等师范、金陵大学等校教授。一生治学勤奋，以愚自处，主张"为学务精"、"宏通严谨"。章太炎以太平天国为例，谑封黄侃为"天王"。

黄侃重视师承，但不墨守师说，常以"刻苦为人，殷勤传学"以自警。虽是名声赫赫之学者，且身体虚弱，仍致力学术而不倦，"惟以观天下书未遍，不得妄下雌黄"，发愿50岁后才著书。所治文字、声韵、训诂之学，远绍汉唐，近承乾嘉，多有创见，自成一家。在音韵学方面对古音做出了切合当时言语实际的分类。

由于他治学严谨，实事求是，不肯轻易著书，若非定论，不以示人，并曾说"五十之前不著书"。可惜他未及撰成宏篇巨制就过早地谢世了，留下大批未经整理的点校笺识古籍的遗稿。黄侃虽未出版任何著作，却成为海内外公认的国学大师。学生们整理他的笔记，集结成书，《音韵》、《声韵通例》、

《集韵声类表》、《尔雅略说》、《尔雅郝疏订补》、《文心雕龙札记》等惊世之作才得面世。

◎故事感悟

一代国学大师，一生始终保持治学严谨、实事求是、为学务精、致力学术而不倦的态度和作风，给我们留下了很深的印象。在求学的道路上，每个人都应继承和发扬这种作风。

◎史海撷英

黄侃砸虎头牌

1908年春，光绪帝与慈禧太后先后病逝，清廷下令各地举行"国丧"。当时，高等学堂学生、同盟会会员田桓在"哭临"（指追悼皇帝的仪式）时，流露不满情绪。堂长杨子绪高悬虎头牌警吓，并欲开除田桓学籍。黄侃获悉，大怒，闯入学堂，砸烂虎头牌，大骂一顿而去。又过几天，田桓带头剪辫以示反清，杨子绪恼怒异常，又悬挂虎头牌。黄侃闻讯，手持木棒冲进学堂，先砸烂虎头牌，又要痛打杨子绪。

◎文苑拾萃

"出尔反尔"的黄侃

黄侃藏有《元诗选》清刻本两部，因同事兼好友汪辟疆十分喜欢，便出让了一部。事后黄侃获知，即使是清刻本的《元诗选》也是极其难得的珍本，于是写信给汪辟疆，并示以一诗，自悔轻售《元诗选》之失。起初，汪辟疆未当回事，还和诗一首。黄侃急了，便登门拜访，约汪辟疆赴茶社叙谈，欲索回《元诗选》。汪辟疆仍未当真，岂知黄侃竟纠缠不已，不惜托人说项，拟以原价将书回购。汪辟疆后来考虑到该书自己并非急需，遂慷慨允之。黄侃既喜且羞，次日，在日记中写道："汪辟疆肯以《元诗选》见还，令人感愧。"书痴率真之性情可见一斑。

陈景润"大胆"指错

◎路漫漫其修远兮，吾将上下而求索。——屈原

陈景润（1933—1996年），福建福州人，中国著名数学家。厦门大学数学系毕业，1966年发表《表达偶数为一个素数及一个不超过两个素数的乘积之和》（简称"1+2"），成为哥德巴赫猜想研究史上的里程碑。而他所发表的成果也被称之为陈氏定理。这项工作还使他与王元、潘承洞在1978年共同获得中国自然科学奖一等奖。1999年，中国发表纪念陈景润的邮票。紫金山天文台将一颗行星命名为"陈景润星"，以示纪念。

陈景润从小热爱数学，大学毕业后，曾在厦门大学数学系任辅导员并兼做图书资料工作。工作之余，他不是到福州市新华书店买新出版的数学书，就是到图书馆借阅数学书。

一天，陈景润买到一本华罗庚教授的新著《堆垒素数论》。他如获至宝，回到家连饭也顾不上吃，就入迷地读了起来。他对书中的理论、数据、论题、论证一一探讨，还不时拿起笔亲自演算、推导。就这样，他津津有味地学习了好几个晚上。

经过仔细阅读，陈景润发现书中有个数字和自己运算的结果不一致。开始，他怀疑是自己运算有错，便反复核算了几遍，仍与书上的数据不一致。他又从另外几个角度一遍遍复核，草稿纸都用了一大摞。这时，他才真正相信，自己的运算结果是正确的。另外，他还觉得，书中关于塔内问题的几个地方似乎还可以改进。于是，他提笔写了一篇题目叫《塔内问题》的论文，

阐述了具体的改进意见。

陈景润将论文交给系里的李文清老师看，李老师建议他把论文直接寄给华罗庚教授。陈景润想，华罗庚是数学界的老前辈，学识渊博，而自己不过是个普普通通的教师，贸然寄这篇论文合适吗？他有些犹豫。经过几天思考，他又觉得《堆垒素数论》是数学上的一颗"明珠"，如果失误不改正，就像"明珠"上落了灰尘，岂不遗憾。他想，自己虽然没有见过华老，但读过华老的不少著作，一直把华老当成是自己最敬重的老师。诚恳地指出老师的失误，这不是对老师的不敬，而是尊重科学、尊重师长的行为。

于是，陈景润给华罗庚写了封信，并附上了《塔内问题》论文。

华罗庚的名著《堆垒素数论》出版后，国内外数学界赞赏倍至，从来没有人指出错误，或提出需要商榷的地方。出乎意料的是，一位无名的小青年竟然能指出错误，还提出改进意见。华罗庚看了陈景润的来信后，异常兴奋。他被这个素昧平生的年轻人所表现的超人智慧和胆识深深地震惊了。他对身边的学生说："给陈景润发个请帖，就说我请他作为特邀代表到北京来参加数学讨论会，请他到会作报告。"

几天后，陈景润收到华罗庚的邀请信，不禁潸然泪下，拜见华老是他做梦也想不到的事啊，没想到竟这样实现了。

陈景润从福建赶到北京，和华教授一见如故，师生滔滔不绝地交谈起来。第二天，在华老的亲自引荐下，陈景润走上讲台，面对来自全国200多位数学家宣读了自己的论文。

后来，陈景润被调到北京中国科学院数学研究所工作，做了华老的学生和助手。陈景润没有辜负名师的厚望，成了当代数学界的一颗"新星"。

◎故事感悟

追求真理求事实？还是尊重老师不指错？陈景润先生毅然选择了前者——坚持真理、实事求是，这种精神值得我们钦佩，我们做学问也当如此！

◎史海撷英

陈景润创造"陈氏定理"

"哥德巴赫猜想"这一两百多年悬而未决的世界级数学难题，曾吸引了各国成千上万位数学家的注意，而真正能对这一难题提出挑战的人却很少。陈景润在高中时代，就听老师极富哲理地讲：自然科学的皇后是数学，数学的皇冠是数论，"哥德巴赫猜想"则是皇冠上的明珠。这一至关重要的启迪之言，成了他一生为之呕心沥血、始终不渝的奋斗目标。

陈景润为证明"哥德巴赫猜想"，摘取这颗世界瞩目的数学明珠，他以惊人的毅力在数学领域里艰苦卓绝地跋涉。辛勤的汗水换来了丰硕的成果。1973年，陈景润终于找到了一条简明的证明"哥德巴赫猜想"的道路，当他的成果发表后，立刻轰动世界。其中"1+2"被命名为"陈氏定理"，同时被誉为筛法的"光辉的顶点"。华罗庚等老一辈数学家对陈景润的论文给予了高度评价。世界各国的数学家也纷纷发表文章，赞扬陈景润的研究成果是"当前世界上研究'哥德巴赫猜想'最好的一个成果"。

◎文苑拾萃

华罗庚与陈景润的师生情

1985年6月12日，华罗庚在访日期间心脏病复发，在东京大学的讲坛上猝然倒地，结束了他为祖国数学事业贡献不止的一生。消息传来，举国悲哀，抱病的陈景润更是万分悲痛，泣不成声，他嘴里不停地念叨："华老走了，支持我、爱护我的恩师走了。"

1985年6月21日，在八宝山革命公墓举行了华罗庚骨灰安放仪式。此时，陈景润已是久病缠身，既不能自主行走又不能站立。数学所的领导和同事们都劝陈景润不要去了，但陈景润说："华老如同我的父母，恩重如山，我一定要去见老师最后一面。"在他的坚持下，家人帮他穿衣、穿袜、穿鞋，由别人把他背下楼去的。到了八宝山，大家建议他先坐在车里，等仪式结束以后再扶他到华罗庚的遗像骨灰盒前鞠躬致敬，但陈景润坚持要和大家一样站在礼堂里。因参加仪式的人太多，又怕他摔倒，只好由三个人一左一右驾着胳臂，后边一个人支撑着。

就是这样，陈景润一直坚持到华罗庚骨灰安放仪式结束。追悼会开了整整40分钟，他就硬撑着站了40分钟，40分钟里他一直在哭，在流泪。

华罗庚对陈景润有知遇之恩，陈景润视华罗庚更是"一日为师，终身为父"。师生之间的浓情厚谊在数学界传为美谈。

《陈景润》节选

（摘自沈世豪：《陈景润》）

陈景润的故居有两处，一处较大的老宅，早已被拆毁，并且盖起新房，无法觅踪了。一处是当街店面式的房子，只有前后二间，大门紧锁着，像一段封存的历史，又像是一个哑谜，任四方来访的人们，独自品味其中的落寞和蕴意。

若论家境，陈景润出生时并不差。他的大伯父曾任中国邮政总局考绩处处长。二伯父是中高级邮政职员，曾任福建省邮政视察室主任。他的父亲，职位最小，只担任一个三等邮政局的局长。他的一家，可称邮政之家。海关、邮政在当时是颇为吃香的。因此，陈景润的父亲并不住胪雷，而是住在福州南台。南国都市夹巷深深，庭院式的楼房，清净、简洁，且焕发着浓郁的书卷气。

不过，少年时代的陈景润，是常去故乡胪雷的。他留恋那绵绵不绝的相思林，还是屋后绿草如茵的一片向阳坡。尽管，他后来远居北京，心里却一直系着故梓。至今，胪雷的乡亲仍然珍藏着陈景润一幅珍贵的遗墨，那是陈景润应故乡之邀，于1995年手书的"群力科教兴邦，培育中华英才"。从字里行间可以看出，陈景润因患帕金森氏综合证，手抖得很厉害。此刻，距陈景润去世只有三个多月，或许，这是他留给故梓的最后的嘱托了。

钱悳坚持真理

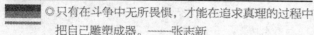

◎只有在斗争中无所畏惧，才能在追求真理的过程中
把自己雕塑成器。——张志新

　　钱悳（1906—2006）中国传染病学家。1932年中央大学医学院第二届毕业生，获医学博士学位。著有《临床症状鉴别诊断学》、《实用血吸虫病学》等书。曾任上海中山医院内科主任，上海第一医学院内科学院副院长、院长，上海第一医学院副院长等职。1958年率领部分上医教职员工支援内地，进川创办重庆医学院，任副院长、院长。历任《中华医学杂志》、《中华内科学杂志》的编委、副主编及主编。

　　钱悳一向坚持真理，反对弄虚作假，敢于表达自己的观点。1958年"大跃进"期间，他多次下乡除害灭病，看到了"大炼钢铁"的巨大浪费和各种虚假现象，在党内提出"三面红旗"有得有失，因此受到了不公正的批判。"文化大革命"结束后，他积极支持改革开放政策，拥护四项原则，但同时又对党风不正、腐败和以权谋私的现象深感忧虑。他为重庆退休工程师协会成立一周年纪念题词："政者正也，你们不在其位而谋政，胜于在位而不谋正者多矣，人民感谢你们。"

　　他长期主持医学教学工作，累积了丰富的工作经验，既看到了工作中的成绩，又觉察到医学教育中存在的问题，认为有责任提出自己的观点。1982年，他在《从重庆医学院谈中国高等医学教学》一文中指出，重庆医学院虽由上海第一医学院抽调部分力量来重庆建立，并已发展为四川省具有相当规模及师资力量的重点院校，但过去26年大部分时间在运动中度过，不断受到"左"的干扰。因此他提出：

院校有了一定规模以后，必须根据其师资水平和设备条件，强调质量；如果片面追求数量，必然粗制滥造，难于保证质量，又会糟蹋师资；学校的规模一定要定下来，要力求稳定，否则会造成很多被动。

要狠抓师资队伍的建设，要选才、育才、用才和惜才，队伍应是宝塔式，要鼓励竞争，有奖惩进退，同时应在知识分子中加强思想工作，克服软弱涣散、争名夺利、互相倾轧的现象；招生时把医学放在第三类并不恰当。

学生中的各种不正确思想则有待各方面去关心纠正。

医学院校的专业设置不宜过多，应重点办好几个重点专业，以免分散人力物力，同时新专业的毕业生亦常由于专业性太强而有适应性反而较差的缺点。

医学院校招生人数多而病床不够，认为每个实习医生需要5—10张病床。

以上这些涉及根本性问题的观点，引起了不少医学院校领导的重视。

◎故事感悟

不论是在哪个行业，坚持真理的人只会把"事实"作为一切的标准。钱惪的这种敢于坚持真理的作风值得敬佩。而我们也要培养这种精神，为我们做学问打下良好的基础！

◎史海撷英

抗击血吸虫病

新中国成立后，上海市成立上海市郊区血吸虫病防治委员会，组织千余医务人员去嘉定、南翔、太仓等地治疗血吸虫病。钱惪受命为大队治疗顾问。他白天奔走于基层，掌握诊断和培养医务人员，晚上办公，周末回上海向委员会汇报，工作十分辛苦。当时治疗药物仅有毒性大的酒石酸锑钾，有人怕出事故，主张减量治疗，钱惪经过认真研究该药的毒性反应，具体做好思想工作，稳定了医务人员的情绪，使队员安心大胆地工作。三个多月后，胜利完成任务。

◎文苑拾萃

《传染病学》

《传染病学》是钱惠主编和编写的多种教科书和参考书之一。

民国时期，他主持编写了《内科临床手册》，以指导实习医师和住院医师的临床工作。1955年他应人民卫生出版社的邀请，组织上海第一医学院各科的高级医师，主编《临床症状鉴别诊断学》，该书出版后很受欢迎。

后上海科技出版社再次请他主编两个新版。他参与了上海第一医学院组织的《实用内科学》的编写工作。1950年他与国内几位知名传染病专家共同编写了中华人民共和国成立后第一次由国家审定的全国通用教科书《传染病学》，该书已修订再版三次。此外他与刘约翰主编了《实用血吸虫病学》，与王季午主编了《中国医学百科全书·传染病学分册》，又与王季午等共同编写了《传染病学》、《内科理论和实践》等重要参考书。50年来他将临床工作总结为文，发表了论文21篇。

坚持真理经典语录

（1）我们只愿在真理的圣坛之前低头，不愿在一切物质的权威之前拜倒。

（2）为寻求真理的努力所付出的代价，总是比不担风险地占有它要高昂得多。

（3）我们对于真理必须经常反复地说，因为错误也有人在反复地宣传，并且不是有个别的人而是有大批的人宣传。

（4）英雄——就是这样一个人，他在决定性关头做了为人类社会的利益所需要做的事。

（5）真理之所以为真理，只是因为它是和谬误以及虚伪对立的。

（6）遇到有承认自己错误的机会，我是最为愿意抓住的，我认为这样一种回到真理和理性的精神，比具有最正确无误的判断还要光荣。

治学严谨的冷遇春

◎不放过一个错标点！——苏步青

> 冷遇春（1919— ），1919年生，湖北郧县人。1949年5月，毕业于湖北师范学院史地系，获教育学士学位。1952年秋，冷遇春到郧阳联中任教。1954年因郧阳联中分开办学，他被分到郧阳师范。1958年，他被错划为右派，开除公职回家，从事生产劳动。1978年拨乱反正后，冷遇春回到郧阳师范高等专科学校工作。1982年，冷遇春离休，从此致力于诗、史、文、论写作。1983年，冷遇春被推选为湖北省写作学会理事，并作为湖北省的代表之一多次参加中国写作学会的年会活动。

大名鼎鼎的冷遇春，在教育界可谓桃李满天下，在文史领域，可谓硕果累累。

1980年，冷遇春通过长期观察，发现一个问题——许多学生，以及大量在十堰工作、生活了几十年的外地人甚至本地人，对十堰本地的历史文化知识知之甚少。而这让热爱家乡的他动了写史志的念头。

近几十年来，他整理、撰写了数百万字的地方历史文献。《郧县志》中有三分之一篇目、达30万字的文稿均由他撰写，《郧县文史资料》载其《郧邑军匪缀闻录》、《王世贞抚郧事略》等有关地方史文献十余篇；2004年，冷遇春与其幼子冷小平（郧阳师专副研究馆员）历经数年编撰的《郧阳抚治两百年》由湖北人民出版社出版，并因此获得了十堰市社会科学三等奖；2009年，冷遇春又自费出版了30万字的地方史论著《郧故串珠》。

冷遇春还善于诗、词、歌、联等文体的创作，且深有研究。相比之下，他更喜欢中国律诗和绝句。他已发表诗、词、歌、联逾百首，著有专集《武当诗联·老骥嘶郧》（中国文联出版社出版）。其诗词作品曾获"荔乡杯"全国文学大奖赛优秀奖和"茅盾文学奖牌"等多种奖项。鉴于他的艺术造诣，其生平和成就介绍被分别录入《中国当代艺术界名人录》、《中华诗人大词典》、《中国文学艺术界名人大典》、《中国当代楹联艺术家大辞典》、《世界华文诗词艺术家大辞典》等籍。

他所撰写的许多地方史实，特别是《郧阳抚治两百年》，发掘和再现了明清时期郧阳"地辖楚、豫、陕、川四省边境50余州县，其史实连绵明、清两朝逾两百年，体现秦、巴、江、汉历经两朝10帝3000里世情风流"的史实，不仅填补了十堰史学著作的空白，也让人们对十堰历史面貌有了新的认识。

◎故事感悟

冷遇春实事求是、甘于无私奉献精神和治学观点，值得人们称道。治学当如是！我们在学习知识和研究问题之时，也当继承和发扬冷遇春的这种治学精神！

◎史海撷英

郧县历史沿革

郧县历史悠久，古称麇子国。商代属庸国，春秋时属绞国，战国时属楚地，秦属汉中郡长利县，西汉置锡县，东汉属益州汉中郡锡县，三国时属魏兴郡之锡县。晋太康五年（284年）置郧乡县，属荆州魏兴郡，以治所附近郧关得名，又传因位郧山之南得名。先后属梁州西城郡、豫州浙阳郡。唐朝属山南东道均州武当郡郧乡县，五代时属均州，宋属京西南路均州武当郡郧乡县。元至元十四年（1277年）改称郧县，属襄阳府均州。明成化十二年（1475年）后属湖广布政使司郧阳府。清属安襄郧荆道郧阳府郧县。

1914年属襄阳道。其后属第十一、第八行政督察区。全县划九个区。

1948年12月31日郧县解放，城关建制为郧阳市，时属陕南行政公署第四专署。1949年划归湖北省建制，隶属郧阳专署。1950年属湖北省郧阳专区，1952年属襄阳专区，1965年后属郧阳地区，1994年属十堰市。

◎文苑拾萃

词二首

冷遇春

(一) 凤凰台上忆吹箫——咏郧阳考古发现

梅铺蟠龙，柳陂储蛋，青曲生齿南猿。

问五州同列，孰与齐肩。

捷报全球无阻，招碧目，拱手央观。

劳郧邑，迎来送往，接待连番。

源源，物华续现，陈展览厅中，时久将残。

又有人潜盗，防守艰难。

同是荒凉僻地，常盼望，智者相援。

何时见，重新馆装，楼比金銮。

(二) 画堂春·十堰

武当山下展风情，逶迤百里车城。

先年农户苦锄耕，潦倒终生。

谁把贫穷变更，高楼换掉窝棚。

机车循序似梭行，荟萃精英。

治学严谨，执教醇笃

◎怀疑并不是缺点。总是疑，而并不下断语，这才是缺点。——鲁迅

冯振（1897—1983年）字振心，自号"自然室主人"，原名冯汝铎。广西北流市人，出生于广西北流市山围陇里容村沙梨园一个地主家庭。知名的教育家、中国古典文学研究专家、诗人，原广西师范学院（现广西师范大学）文学院系主任、教授。

"治学严谨，执教醇笃"，这是中国现代传记文学的开拓者朱东润在挽联中对冯振的评价，认识冯振教授的人都认为这是非常恰如其分的。

冯振对儒、佛、道都有研究，在文、史、哲等方面均有所成就。他长期从事中国古典文学的教学和研究工作，在诸子学、训诂学和文字学方面造诣深厚。《自然室诗稿与诗词杂话》是他长期从事古典诗词研究与创作的结晶。冯振生前将自己的诗编为《自然室诗稿》、《自然室诗续集》和《自然室诗第三集》，1989年广西师范大学出版社整理出版了《自然室诗稿与诗词杂话》。他一生写诗1000多首，经他本人整理收进了《自然室诗稿》的诗就有900首。那些诗是他一生思想感情生活的真实反映。继承了杜甫"以时事入诗"的传统，"感愤伤时"在思想上和艺术上都有很高的成就。

冯振几乎与世纪同龄。在旧社会里，他饱经沧桑，亲眼目睹了北洋军阀和国民党的反动统治。也正因为如此，他的诗能够紧扣时代发展的脉搏，渗透着忧国忧民的思想感情，揭露了旧社会反动派的黑暗统治，同情广大人民群众的疾苦。新中国成立后，他热情讴歌党和人民建设新中国的伟大成就。

冯振善于吸收中国古典诗歌传统的精华，博采众长，兼收并蓄，最终使

冯诗自成一体。在语言风格上，他的诗语言清新活泼，平常浅易，没有华丽的词藻，更没有艰深的文字，往往都是在简洁朴素、平淡浅易的言辞中表达出真挚的感情，营造出独特的意境。这样的诗往往能意在言外，让人回味无穷。更为难得的是，他的诗极少用典，更不讲求"无一字无来处"。

冯振的诗歌大都凝练概括，生动准确，具有强烈的艺术感染力。他的诗富有真情实感，没有矫揉造作之辞。正因为感情真挚自然，所以诗的表现力和感染力特别强烈。此外，他的诗还注重对民间俗语的吸收采用，许多作品初看如脱口而出，明白如话，不假雕琢。但若细细咀嚼品味，就觉得于寻常中见功力，更加显得朴素自然，不矫揉造作，不雕饰堆砌，不尚辞藻，不刻意求工，风格平淡质朴。

诗品见人品，师道见尊严。冯振的作品不仅是他所处的时代的一面镜子，同时也是他自己的一部传记。他始终不渝地关心人民、热爱人民，反映社会现实的深度和广度。从他的作品中，我们可以看到他的"全人"，看到他一生的全过程。所以，无论是作诗、为师、为人，都无愧于"广西才子"的美誉。

◎故事感悟

冯振是中国文人的骄傲，是广西的骄傲。活跃在文坛上的"广西才子"们，从冯振教授的身上汲取了有益的经验和丰富的营养，为振兴广西文化，繁荣新时代的文学创作做出更大的贡献。冯振的治学严谨、实事求是的作风令我们现代人敬佩不已。

◎史海撷英

广西师范大学历史沿革

广西师范大学前身为广西省立师范专科学校，创办于1932年10月12日，校址位于桂林雁山。广西师范大学曾六次更名，八次迁址，四度调整。

1936年，广西省立师范专科学校并入广西大学，成为广西大学文法学院（后称法商学院）。

1941年10月，重建广西师范专科学校，1942年4月改名为广西省立桂林师范学院，1943年8月又改名为国立桂林师范学院。从1943到1978年，是广西唯一一所培养本科学历教师人才的高校。

1946年2月，迁址南宁并改名为国立南宁师范学院。

1950年2月，国立南宁师范学院从南宁迁回桂林，再次并入广西大学，成立广西大学师范学院（后称文教学院）。

1953年，全国院系调整，广西大学奉命撤销。同年8月，根据教育部关于全国院系调整的计划，以原广西大学文、理各系留下的部分教师及师范专修科全体学生为基础，在广西大学原址（桂林市将军桥）组建广西师范学院。

1954年，学校迁入桂林市王城（即王城校区）。

1976年，在桂林市东郊三里店增设分部（育才校区）。

1983年5月28日，广西师范学院更名为广西师范大学。

2005年12月8日，在桂林市雁山区雁山镇建设雁山校区，2007年10月7日投入使用。

季羡林治学当严谨

◎治学者，当严谨。——格言

> 季羡林（1911—2009年），字希逋，又字齐奘。山东临清人。中国著名的古文字学家、历史学家、东方学家、思想家、翻译家、佛学家、梵文、巴利文专家、作家。他精通12国语言，对印度语文文学历史的研究建树颇多。曾任中国科学院哲学社会科学部委员，北京大学教授、副校长，中国社科院南亚研究所所长，中国文化书院院务委员会主席，中科院院士。

《中国教育报》以《博大精深，温厚敬诚》为题整版介绍了"国学大师"、"学界泰斗"、"国宝"季羡林先生。他老人家于2003年因身体原因住进301医院后，即使在病房里，每天仍坚持读书写作。文章介绍了季羡林先生1935年留学德国后的一个故事，让人们深受启发。

季羡林先生经过两年的扎实研究后，已经完成了论文的主体。他为了写一篇论文的导论，穷数月之力，翻阅了大量的专著和杂志，收集有关混合梵文的资料以及佛典由俗语逐渐梵文化的各种不同说法，写成了一篇洋洋万言的导论。为了显示一下自己的才华，他巨细不遗，沾沾自喜，亲自送给教授，满以为教授会对他大加赞许。

结果事与愿违，教授只是用了一个括号括起了全文，意思是统统删掉。他说："这完全出乎我的预料，几乎一棍子把我打晕了。"教授向他解释说："你讨论问题时面面俱到，但哪一面都不够充实、坚牢。如果人家想攻击你，不论从什么地方都能下手，你防不胜防。"

　　教授用了"攻击"这个字眼，让季羡林猛然醒悟，心悦诚服地接受了教授的"棒喝"，并终生难忘。教授对季羡林的教导可以说影响了他的一生。

◎故事感悟

　　教授对季羡林的教诲影响了他一生，成就了一个学贯中西、博古通今的世纪伟人。也愿教授的教诲影响我们广大教育工作者，成就更多的治学严谨、实事求是的名师名家！

◎史海撷英

季羡林发表学术论证

　　第二次世界大战一结束，季羡林就辗转取道回到阔别10年的祖国怀抱。同年秋，经陈寅恪推荐，季羡林被聘为北京大学教授，创建东方语文系。季羡林回国后，着重研究佛教史和中印文化关系史，发表了一系列富有学术创见的论文。《浮屠与佛》（1947年），揭示梵语Buddha（佛陀）一词在早期汉译佛经中译作"浮屠"是源自一种古代俗语，译作"佛"则是源自吐火罗语，从而纠正了长期流行的错误看法，即认为佛是梵语Buddha（佛陀）一词的音译略称。这里顺便指出，季羡林在1989年又写了《再论浮屠与佛》，进一步论证汉文音译"浮屠"源自大夏语。

ZHONGHUACHUANTONGMEIDEBAIZIJING

中华传统美德百字经

实·实事求是

第五篇

因时因地制宜

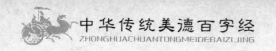

宋襄公之愚

◎阵而后战，兵法之常，运用之妙，存乎一心。——岳飞

宋襄公（?—前637年），宋桓公次子，春秋五霸之一，宋国君主，于公元前650年至前637年在位。周襄王二年（公元前650年），以其庶兄目夷为相，行"东宫图治"，核心有弦高、华元、华椒和乐祁。周襄王十年（公元前642年）助齐国平定内乱，拥立齐孝公，襄公因此小有名气。平定齐乱后宋襄公雄心勃勃，想继承齐桓公的霸业。周襄王十四年（公元前638年），宋与楚战于泓水（今河南柘城西北），结果宋军大败，次年宋襄公因重伤而卒，其子宋成公继位。

春秋时，宋国国君宋襄公一向以仁义标榜自己。

当时宋国还比较弱小，但宋襄公野心不小，为五霸之一、盟主齐桓公死后，他竟想取代楚国当盟主。但因为宋国实力有限，加之襄公死守"仁义"的姿态，结果在强大的楚国面前弄得身败名裂。

当宋襄公也想仿效齐桓公大会诸侯的时候，鲁国的执政大臣臧文仲闻讯就评论说："抑制自己的愿望去迁就别人，这还勉强可以；一味让别人来服从自己的愿望，成功的希望就很少了。"

公元前639年，宋国和齐、楚两国在鹿上举行会盟，宋襄公竟然向楚国提出要求：让当时归附于楚国的中原地区的诸侯尊奉他为盟主，楚国表面答应了。宋公子目夷忧心忡忡地说："小国争着要当盟主，这对它来说是一种灾祸——宋国怕是要灭亡了！失败得晚一点儿就算幸运了。"

这年秋天，诸侯们在盂地会见宋襄公。目夷叹道："灾难就要降临了！国君称霸的欲望太强烈，这怎么得了？"

果然，楚国愚弄了宋襄公，并把他抓了起来，以此作为要挟攻打宋国。

幸亏公子目夷在国内加强了防御，楚国人感到攻打宋国难以取胜，便在薄地与各国诸侯会盟时，释放了宋襄公。

但宋襄公并不因此而善罢甘休。第二天，他就对楚国的盟国郑国发动进攻。

楚国为了援救郑国，便发兵攻打宋国。宋襄公不听大臣的劝告，硬要跟楚国决一胜负。并亲自带领军队在泓水边上与楚军作战。

当宋军已排好队列，楚军还没有全部渡河的时候，司马子鱼建议襄公下令攻击楚军，襄公说："不行！"

当楚军已全部过河但还没有排好阵势的时候，子鱼再次建议襄公发起攻击，他说："还不行！"

待等楚军一切就绪之后，宋军这才开始向他们进攻，结果被强大的楚军打得大败。宋军指挥官伤亡惨重，宋襄公的腿也受了重伤。

宋国人都认为，这次战败的主要原因是宋襄公没有把握战机，及时向楚军发动攻击。宋襄公不但不吸取教训，承担责任，反而振振有词地说："两军作战之时，君子是不会伤害已经受了伤的人，也不俘虏头发已经花白了的人。"古代作战的规矩是：不在狭窄险要的地方阻击对方。我虽然是殷商亡国的后代（周武王推翻殷商王朝后，将殷遗民封在宋国），不鼓不成列（但我坚守仁义，绝对不攻击没有摆好阵势的敌军）。

人们听了他这番迂腐的言论，都苦笑摇头。当时目夷给他讲了很多道理，但宋襄公直到伤势过重死去之时也没开窍。

◎故事感悟

机不可失，失不再来。我们不能死守教条，错失一次次的绝佳机会，而要从宋襄公的失败中汲取教训，突破教条的"封锁"。

◎史海撷英

宋襄公平定齐乱

在宋襄公即位的第八年，即周襄王九年（公元前643年）十月七日，齐桓公去世，齐国爆发了易牙之乱。其乱始于太子之争。齐桓公有六个儿子，而且都是庶妾所生，地位平等，所以齐桓公怕自己死后诸子争位，就与管仲将公子昭（后来的齐孝公）托付给宋襄公，是为太子。宋襄公认为公子昭来投奔他，这是个可利用的机会，于是便想乘机夺取齐国的盟主地位，就收留了公子昭。周襄王十年（公元前642年），各国诸侯接到宋襄公通知，要护送公子昭回齐国去当国君，让诸侯派兵相助，以壮声势。宋襄公统领四国联军杀向齐国，齐国的贵族对公子昭怀有同情之心，再加上不清楚宋军实力，就把无亏与竖刁杀了，赶走了易牙，在国都临淄迎接公子昭回国。公子昭回国后当上了国君，是为齐孝公。

◎文苑拾萃

鱼丽阵

古代将步卒队形环绕战车进行疏散配置的一种阵法。《左传·桓公五年》载：郑国以"曼伯为右拒，祭仲足为左拒，原繁、高渠弥以中军奉公为鱼丽之阵。先偏后伍，伍承弥缝，战于儒葛。"杜预注："《司马法》：'车站二十五为偏'，以车居前，以伍次之，承偏之隙，而弥缝阙漏也。五人为伍。此盖鱼丽阵法。"也就是说，郑国的军队一军五偏，一偏五队，一队五车，五偏五方为一方阵，以偏师居前，让伍队在后跟随，弥补空隙。这样的编队如鱼队，故名鱼丽之阵。这是先秦战争史上最早在具体战役中使用阵法的记载。这种鱼丽阵法最突出的特点是在车战中尽量发挥步兵的作用，即先以战车冲阵，步兵环绕战车疏散队形，可以弥补战车的缝隙，有效地杀伤敌人。

孙膑因地制宜败庞涓

◎因其轻而扬之，因其重而减之，因其衰而彰之。——《内经》

> 孙膑（？—前316年），本名孙伯灵（山东孙氏族谱可查），战国时期军事家。汉族，山东鄄城人。生于战国时期的齐国阿鄄之间（今山东省的阳谷县阿城镇，鄄城县北一带）。孙武后代。与庞涓同学兵法，后庞涓为魏惠王将军，骗孙膑到魏，用刖刑（即砍去双脚），被齐国使者偷偷救回齐国后，被齐威王任为军师。马陵之战，身居辎车，计杀庞涓，大败魏军。孙膑著作有《孙膑兵法》，久已失传。1972年山东省临沂银雀山出土残简，有1.1万余字。

　　战国中期，位于中原地区的魏国逐渐强大起来，不断对邻国用兵。公元前354年，魏将庞涓引兵攻赵，包围了赵都邯郸。赵向齐求救，齐威王派田忌为将、孙膑为军师率军西来，矛头直指魏都大梁（今河南开封）。庞涓闻讯立即回师自救，孙膑巧妙地在魏军南撤必经之地桂陵（今河南长垣）设伏，大败魏军，擒庞涓（后放回），史称"桂陵之战"。孙膑的这一战法后来被概括为"围魏救赵"。

　　公元前341年，魏惠王又派庞涓联合赵国引兵伐韩，包围韩都新郑（今属河南省）。韩昭侯求救于齐。齐以田忌、田婴、田盼为将，孙膑为军师，率军经曲阜、亢父（今山东济宁），由定陶进入魏境，矛头直指与大梁近在咫尺的外黄（今河南民权）。庞涓闻讯，忙弃韩而回。魏惠王深恨齐国一再干预魏国的大事，乃起倾国之兵迎击齐军，仍以庞涓为将，太子申为上将军，随军参与指挥，誓与齐军决一死战。

孙膑见魏军来势凶猛，且敌我力量众寡悬殊，只可智取，不可力敌，便决定采用欲擒故纵之计，诱庞涓上钩。他命令军队由外黄向马陵方向撤退。马陵位于鄄邑北60华里处，沟深林密，道路曲折，适于设伏。孙膑命令兵士第一天挖10万个做饭的灶坑，第二天减为5万个，第三天再减为3万个。庞涓一见大喜，认为齐军撤退了3天，兵士就已逃亡过半，便亲率精锐之师兼程追赶。天黑时赶到马陵，命兵士点火把照路。火光下，只见一棵大树被剥去一块树皮，上书"庞涓死于此树之下"8个大字。庞涓顿悟中计，刚要下令撤退，齐军伏兵已是万箭齐发。魏军进退两难，阵容大乱，自相践踏，死伤无数。庞涓自知厄运难逃，大叫一声："一着不慎，遂使竖子成名！"拔剑自刎。齐军乘胜追击，正遇太子申率后军赶到，一阵冲杀，魏军兵败如山倒。齐军生擒太子申，大获全胜。历史上称孙膑的战法为"减灶之计"。

此战后，魏国由盛转衰，孙膑却因善于用兵而名扬天下。

◎故事感悟

马陵之战可谓是战争之中的经典战役。孙膑利用了"减灶诱敌，地形兵助"因地制宜随敌应变的战术，一举击败魏军。在平日生活和学习中，我们也要不墨守成规，根据事实变化，懂得变通。

◎史海撷英

田忌赛马

齐使把孙膑带到齐国后，把他推荐给将军田忌。田忌很欣赏孙膑的才能，也很同情孙膑的不幸遭遇，招他为宾客，以上礼待之，言听计从。当时，在齐国的王室贵族之中流行一种赛马游戏，田忌与齐威王赛马时胜少负多。孙膑在场观察了多次，发现双方出场的马大致可分为上、中、下三种水准，每一种水准的马力相仿，于是对田忌说："下次赛马，我可以使将军获胜，赌注不妨下得大一些。"田忌非常高兴，和齐威王赛马"逐射千金"。比赛当天，孙膑给田忌出了个主意，让田忌用上等马对齐威王的中等马；用中等马对齐威王的下等马；最后再用下等马对齐威王的上等马。田忌恍然大悟，依计而行，结果，田忌两胜一负，赢得了千金的赌注。这就是"田忌赛马"故事的来历。另外，孙膑在"田忌赛马"中所采用的方法，也被视为"策对论"的最早运用。

◎文苑拾萃

孙膑老师鬼谷子

孙膑之师乃战国时代旷世之奇才鬼谷子。鬼谷子名王禅，又名王诩，战国时代卫国人，长于持身养性和纵横术，精通兵法、武术、奇门八卦，著有《鬼谷子》兵书十四篇传世，世称王禅老祖。常入云梦山采药修道，因隐居清溪之鬼谷，故自称鬼谷先生。

孙膑、庞涓显赫一时的人物，俱拜在鬼谷子门下。鬼谷子自己亦著有不少关于行军兵法、道术、占卜、相人、相宅的文章，甚至能通过形气而判断一国的兴亡盛衰。随他学艺的弟子苏秦、张仪就随他学纵横之术，结果苏秦被六国封相，而张仪更用远交近攻的方法，帮助秦国统一天下。至于孙膑的兵法，后世皆称孙膑兵法。

鬼谷子先师常年隐居云梦山，并在此教徒授艺。传说中他的徒弟有孙膑、庞涓、苏秦、张仪、毛遂、涂福、甘茂、司马错、乐毅、范雎、蔡泽、邹忌、郦食其、蒯通、黄石、李牧、尉缭、李斯等，商鞅在李悝死后也曾师从鬼谷子。

鬼谷子在治国方案、内政外交、兵书战策、兵器发明、天文地理、神奇推算、养生教子等方面的成就可以说达到登峰造极的地步！

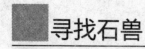

寻找石兽

◎观察、试验、分析是科学工作常用的方法。——李四光

《河中石兽》是纪昀的一篇文章，选自《阅微草堂笔记》卷十六《姑妄听之》。主要内容是河里掉了石兽，因为水的冲力和石兽本身重量的原因，所以找石兽要从石兽掉落的上游去找。

清朝，在沧州的南面有座寺庙紧靠着河边，山门崩塌在河里，两只石兽也一道沉下去了。过了十多年，和尚便筹集了一些钱，要重新修理山门，于是便派人到河里去打捞那两只石兽，可是竟然找不到影子。人们都以为石兽顺着河水流到下游去了，于是他们驾驶好几只小船，拖着铁钯，寻找了十多里，最终也不见踪迹。

有个教书先生在庙里设馆讲学，听到人们寻找石兽的情况，就笑着说："这石兽又不是木片儿，怎么可能被暴涨的洪水带走呢？石头的质地坚硬沉重，沙性松浮，石兽淹没在沙地中，自然越沉越深啦。你们沿着河往下寻找，不是很可笑么？"大家都认为这种说法是正确的。

这时有位老河兵听了，笑着说："大凡掉到河里的石头，都应当到上游去寻找。由于石头的质地坚硬沉重，而沙性松浮，河水冲不动石头；它的反冲力必然会在石头下面迎水的地方把沙土冲成陷坑，越冲越深，冲到石头半截空着时，石头必定翻过来落在陷坑里。然后河水再次把沙冲成陷坑，石头又再次转过来，转翻不停，这样一来石头就反而逆流而上了。到河的下游寻找石头，固然可笑；到地下去找，不是更可笑么？"于是人们按照老河兵的话去寻找，最后果然在几里外的上游找到了这两只石兽。

◎故事感悟

　　教书先生知道石兽没有在下游，是依据书本的知识；而老河兵认为石兽在上游，则是根据事物的规律和长期生活的经验得出的。世界上的事物通常是由多个方面构成的，如果只了解一个方面，而不知道其他方面的情况，难道就可以去主观臆断么？

◎史海撷英

沧州历史沿革

　　沧州因濒临渤海而得名。在上古时期沧州部分地区属幽州和兖州，西周时属青州，春秋、战国时代为燕、齐、晋、赵等国地，秦朝时属巨鹿郡和洛北郡，汉代属冀州和幽州，三国时属魏国，南北朝时属北魏的瀛洲和冀州。公元517年（北魏孝明帝熙平二年）设立沧州，辖浮阳、乐陵和安德等三郡。隋初废浮阳郡，后分属河间郡、渤海郡和平原郡。公元627年（唐朝贞观元年）属河北道，宋代属河北东路河间府；元代属中书省河间路；明代属北直隶省河间府；清代属直隶省河间府；部分县属天津府；中华民国初属直隶省渤海道和津海道。1928年废道府制，改属河北省。抗日战争时期，属中共晋察冀边区冀中、津南行署和山东渤海区行署辖。

　　1949年8月1日，河北省人民政府成立，设沧县专区，专署驻沧县镇，辖11个县。1958年6月，天津市归属河北省后，沧县专区与天津专区合并，称天津专区，专署驻天津市，同年9月沧县镇改设沧州市（县级），随后撤销并入沧县。1959年初，撤天津专区并入天津市。1961年6月1日，恢复沧州专区，并恢复沧州市（县级），专署驻沧州市。1967年12月，沧州专区改称沧州地区。1983年12月，沧州市改为河北省直辖市，行署和市政府同驻沧州市。1993年7月，地、市合并，成立沧州市，市政府驻运河区。

◎文苑拾萃

客观规律

侠 名

自然规律客观存在，
不以人为主观。
探寻万物有万千路途，
客观自有客观逻辑，
明白此理是人性之本悟。
物质、感觉、判断、思维，
了解因果，客观规律当明。
因果循环，此物规律亦循环，
一物有因就有果生成。
物质思想并不对立，
相存相依紧紧相连。
万事万物皆有因果，
客观规律出自天然。

知己知彼——血战昆仑关

◎故用兵之道，示之以柔而迎之以刚，示之以弱而
乘之以强，为之以歙而应之以张，将欲西而示之以
东。——《淮南子·兵略训》

> 白崇禧（1893—1966年），字健生，广西临桂县人。回族。阿拉伯名"乌默尔"，
> 意义与"崇禧、健生"吻合。名作家白先勇之父。中华民国国民革命军一级上将，军
> 事家，有"小诸葛"之称。属国民党"桂系"，地位仅次于李宗仁、黄绍竑。

　　1939年，日军受希特勒闪击欧洲的刺激，派第五师团、台湾混成旅团及海军陆战队共3万人在钦州湾登陆，占领防城、钦州并向北推进。24日占领南宁，据守南宁外围高峰隘和昆仑关两个战略据点，切断桂越国际交通线，企图迫使国民党政府投降，同时也为南下东南亚准备条件。中国军队深知日军的意图，同时也知道日军是轻军疾进，遂从川、鄂、湘、粤等省调集部队入桂作战，连同广西军队近20万人。攻战昆仑关的中国军队以杜聿明第五军为主力，总指挥为白崇禧。

　　昆仑关，在南宁东北50千米处，山峦起伏，为南宁北侧之天然屏障。12月18日拂晓，中国军队第五军荣誉第一师在战车及炮火支援下，对昆仑关发动猛烈攻击，日军第五师团第四十二联队第二大队纷纷向核心阵地退却。至中午，第五军攻占金龙山、老毛岭、罗塘、同兴等高地，并进至九塘附近。19日凌晨，罗塘及同兴北方高地被日军夺去。荣誉第一师猛攻昆仑关东北之635高地，夺回该制高点。与此同时，新编第二十二师在五塘阻击增援昆仑关之日军。20日，第五军军长杜聿明命令第200师强攻昆仑关受挫。21日和22

日，中国军队连攻昆仑关未克。23日，荣誉第一师第二团向昆仑关西侧高地罗塘发动攻击，于24日晨占领该高地。日军第五师团第二十一旅前来增援，被荣誉第一师第一团和第三团阻击在九塘东北枯树岭地区。25日，中国军队对昆仑关之日军连续发动包围攻击未克，日军仍坚守阵地顽强抵抗。28日夜，第五军主力再次对昆仑关发动围攻，与日军在昆仑关隘口周围的崇山峻岭中展开激战，反复争夺厮杀。

30日，中国增援部队到达，向日军发起更猛烈的进攻，相继攻占了同兴、界首及其东南各高地，打破了昆仑关日军的防线。31日拂晓，杜聿明军长把指挥所推进至大坟岭，指挥官兵向日军猛攻。至8时，第159师占领653西南高地；上午11时，新编第二十二师攻入昆仑关，日守军除少数逃脱外，其余被全部消灭，迫使日军向九塘方面退却。

1940年1月1日，日军增援部队到达九塘，与昆仑关溃败之残部会合，企图再取昆仑关。第五军决定乘胜攻击。2日拂晓，第159师、新编第二十二师、荣誉第一师向九塘、八塘日军攻击。3日，中国军队控制了九塘至昆仑关公路的战略要点441高地。4日，新编第二十二师攻克九塘。5日，第五军继续追击日军，进攻八塘，战至11日未果，双方在九塘至八塘之间形成对峙状态。至此，昆仑关攻坚战结束。

昆仑关战役是正面战场自武汉失守以来取得的一次重大胜利，也是抗战以来中国军队攻坚战的重大胜利。中国军队共毙伤日军8100余人，击毙日少将旅团长中村正雄。

◎故事感悟

此战成功的关键因素在于能够熟练运用地形，因地制宜。此战为中国军队首次以攻坚战打败日本"钢军"的光辉战例，在中国近代战争史上写下浓墨重彩的一笔。

◎史海撷英

台儿庄大捷

日本侵略军1937年12月13日和27日相继占领南京、济南后，为了迅速实现灭亡中国的侵略计划，连贯南北战场，决定以南京、济南为基地，从南北两端沿津浦铁路夹击徐州。台儿庄是徐州的门户，位于徐州东北30千米的大运河北岸，临城至赵墩的铁路支线上，北连津浦路，南接陇海线，扼守运河的咽喉，是日军夹击徐州的首争之地。

1938年3月24日，日本侵略军濑谷支队向台儿庄发起进攻，与中国守军第二集团军第三十一师展开激战。

日军一部突入东北角，被守军击退。27日，濑谷支队主力一部突入北门，第三十一师与敌展开拉锯战，守军伤亡甚重。28日，突入台儿庄的日军被第三十一师围攻，敌方损失甚重。29日，李宗仁遂令第二集团军死守台儿庄阵地，并严令汤恩伯部南下，协助第二集团军解决台儿庄之敌。31日，中国军队将进入台儿庄之敌完全包围。4月3日，中国军队向日本侵略军发起攻击。日军拼力争夺，占领了市街大部。中国军队一次又一次反击，展开街垒战，夺回被日军占领的市街。双方陷于苦战。8日晚，中国军队全线攻击濑谷支队。战至7日凌晨，除一部日军突围至峰县附近固守待援外，被围之敌全部被歼。

台儿庄战役是中国军队取得的一次重大胜利。在历时半个月的激战中，中国军队付出了巨大牺牲，参战部队4.6万人，伤亡失踪7500人。在中国军队的英勇抗击下，取得了歼灭日军一万余人的巨大胜利。此次战役沉重地打击了日本侵略者的凶焰，鼓舞了全国军民坚持抗战的斗志。

◎文苑拾萃

昆仑关

昆仑关位于南宁市东北方59千米处，昆仑山东侧，是邕柳（南宁—柳州）、邕梧（南宁—梧州）公路必经的隘口。昆仑山巍峨峻险，谷深坡陡，地势险要，

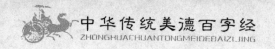

是南宁东北面的自然屏障，有"南方天险"之称，历来为兵家必争之地。

据史籍记载，昆仑关历史上曾发生过9次战役。其中最为著名的是狄青夜袭昆仑关和抗战期间的昆仑关大捷。

战后，人们在山下修建了一座三门四柱石碑坊，山顶上也建有抗日阵亡将士公墓、纪念塔、碑亭，从牌坊到山顶有一道331级的石级道。国民政府军政要人蒋介石、李宗仁、李济深、白崇禧、杜聿明等16位国民政府要员有题词、题联或书刻碑文纪念这一战役。每年清明节前后，都有许多学生、群众到这里凭吊、瞻仰和祭扫。2009年12月18日，在昆仑关战役胜利69周年纪念日之际，经过一年多的紧张施工，昆仑关战役博物馆落成。这是昆仑关景区保护开发建设所取得的重大成就，也是建设国防教育基地和发展南宁旅游业的可喜成果。

昆仑关先后被列为宾阳县重点文物保护单位、自治区级重点文物保护单位和国家级重点文物保护单位。

神头岭伏击战

◎夫筑城郭，立仓库，因地制宜，岂有天气之数以威
邻国者乎？——《吴越春秋·阖闾内传》

陈赓（1903—1961年），原名陈庶康。久经考验的忠诚的共产主义战士，杰出的无产阶级革命家、军事家，中国人民解放军的卓越领导人，新中国国防科技、教育事业的奠基者之一。历经北伐、南昌起义、长征、抗日战争、解放战争，为人民的解放事业立下汗马功劳。1955年被授予大将军衔。

日军侵占太原后，继续向华北各地发动进攻。至1937年11月，华北地区国民党军已退出冀、察全境和晋、绥大部以及山东北部地区，华北日军准备对残存于占领区的中国军队实行"扫荡"，并对活动于晋察冀边区、晋西北和晋东南严重威胁其后方和交通线安全的八路军进行大规模围攻，企图消灭和驱逐八路军，确保后方安全。

1938年2月，日军为配合其津浦线作战，并相机西进，集中了三万余兵力，分别从平汉、同浦、道清等铁路向晋西、晋南发动进攻。日军第一零八师团进占长治，企图夺取临汾，配合沿同蒲路南下的日军第二十师团消灭退至晋南的国民党军。为打击和钳制沿邯长路西犯之敌，八路军第一二九师奉中央军委和八路军总部命令，于3月上旬移师到襄垣东南地区，伺机打击西犯之敌。

邯长路是进占长治之敌从平汉铁路取得补给的主要交通线，因此，敌军在沿线各个要点均有驻军严密防守。而黎城是邯长公路上日军的一个重要兵站基地，与相邻的潞城之间是起伏连绵的丘陵地带，是我军理想的伏

击阵地。于是，一二九师首长决定，攻敌所必救，突袭黎城，吸引潞城之敌出援，将敌人引入潞河村与微子镇之间的神头岭地区，采取伏击战法歼灭出援之敌。

3月16日凌晨4时，八路军第一二九师七六九团一部发起了对黎城的突袭，在歼敌100余人后，迅速撤出。对黎城的突袭调动了潞城之敌，潞城敌人3000多人倾巢而出，我军又及时派出小股部队袭扰潞城，迫使潞城敌人分兵1500余人救援黎城。此时我第三八六旅已经在该敌必经的神头岭地区埋下了重兵，兵力已构成对敌的绝对优势，张好口袋，就等他们来钻了。

骄横的日军认为这样大的部队行动我军根本不敢惹，于是大摇大摆地唱着军歌进入了我军的围圈。9时30分，当该敌全部进入我伏击阵地时，第三八六旅突然向敌人发起攻击。第七七一团于神头岭北端迎头截击敌人，第七七二团、补充团从公路两侧对敌实施夹击，并以一部切断了敌人退路。霎时间，我轻重武器一齐发出怒吼，上百成千的手榴弹飞入敌群。遭此突然袭击，日军顿时乱作一团，人踢马踏，尸横遍地。不等敌人稳住阵脚，埋伏在周围的八路军指战员如猛虎下山，奋勇冲入敌阵，用步枪、刺刀、红缨枪、大刀与敌展开了短兵相接的肉搏战。经激烈战斗，到11时13分，进入我包围圈之敌除100余人窜回潞城外，其余均被歼灭。这次战斗，第三八六旅共歼日军1500余人，俘敌8人，击毙与缴获骡马600余匹，缴获长短枪550余支，我军仅伤亡240余人。

1938年4月4日，日军华北方面军由同蒲、郑太、平汉铁路线及长治、屯留等地出动，分九路向晋东南地区大举围攻，企图以分进合击歼灭八路军总部、第一二九师等部和部分国民党军，并摧毁抗日根据地，以确保其后方安全。

当敌人开始行动时，我八路军主力避开敌人锋芒，从敌包围圈的缝隙中跳了出来，从辽县以南转移到了敌人合击圈外的涉县以北地区，隐蔽待机。

3月15日，侵占武乡的日军第一零八师团第一一七联队3000余人，北犯榆社，东奔西突，也未发现哪里有八路军主力的影子。连日来长途奔袭，再加上一路上八路军游击队不分昼夜地袭扰，早已使这股敌军惶恐不安。狡猾的敌人在发现自己孤身冒进后，急忙又缩回了武乡，连夜沿浊漳河向襄垣方向仓皇回撤。

敌变我变，八路军一二九师转回内线的四个团，立即组成左右两个纵队，七七二团、六八九团为左纵队，七七一团为右纵队，沿浊漳河两岸山地对敌实施平行追击，以第七六九团沿武乡至襄垣公路尾追敌人。16日晨，我追击部队已超越敌人，并在武乡以东的长乐村将敌大部截住。我第七七一团、七七二团分别向刑村、李庄发起突然攻击，以猛烈的火力向拥挤在公路上的敌人射击。

日军做梦都想不到在这里会出现八路军的主力，仓促应战。以武士道精神训练出来日本军官兵，气焰十分嚣张，虽然到了绝望的境地，他们还是要做垂死的挣扎。钻在车底，趴在死尸、死马后面继续向我射击，负隅顽抗。有的端起刺刀嗥叫着向我阵地疯狂反扑，但都被八路军猛烈的子弹和手榴弹击退。随着嘹亮的冲锋号，第七七一、七七二团以排山倒海之势冲上公路向敌发起猛烈攻击。已通过长乐村之日军主力为解救其围困部队，集结1000余人，向我七七二团的左翼戴家垴阵地猛攻。防守该地的一个连，与敌人激战4个小时，打退敌人多次进攻，其中一个排全部壮烈牺牲，最后阵地被敌攻占。中午12时，我一一五师第六八九团重新夺回戴家垴阵地。14时，由辽县赶来增援的敌军第一零五联队1000余人被我第六八九、七七二团堵住，不能前进半步。17时，被围在长乐村以西的敌人已经全被歼灭。而辽县敌人还在源源不断地前来增援，大有和八路军主力决一死战的架势。面临此种情况，为避免陷入与日军硬碰硬的不利境地，一二九师首长决定留下少量部队迟滞迷惑敌人，主力部队迅速撤离战场。这次战斗，共歼日军2200余人，我军伤亡800余人。

◎故事感悟

实践证明，在掌握敌人心理特点和行动规律的基础上，从实际出发，是可以变不利因素为有利因素的。我抗日军民在长期的反击日寇战争中就是本着实事求是这一原则，在敌强我弱的情势下，取得了一个又一个胜利。

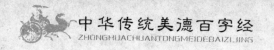

◎史海撷英

陈赓的幽默

1937年2月，何廷一受派进红军大学学习不久，红大改名为中国人民抗日军事政治大学，简称抗大。随后，抗大一二队合编，何廷一被编到了一队，队长是陈赓。

长征途中，何廷一就听说中央纵队干部团有个叫陈赓的团长，不仅会打仗，还是个不折不扣的乐天派，一天到晚都是乐呵呵的，特别喜欢开玩笑。到一队后，和陈赓初次见面，谁想他就开起了玩笑，语气严肃地问何廷一："你怕不怕死？"

何廷一响亮地说："报告队长，不怕！"

陈赓也不说话，伸出右手往何廷一眼前一晃，何廷一本能地将头往旁边一歪，两眼眨了一下，就听得陈赓哈哈地大笑起来，说："还说不怕死，为什么我一举手你就眨眼？"

何廷一急忙辩解说："这怎么能说怕死呢！"心想这个团长爱开玩笑果然名不虚传。

◎文苑拾萃

神头岭纪念碑

为纪念神头岭伏击战，1988年山西省潞城县人民政府在当年战地建造了纪念碑和烈士冢。纪念碑高15.8米，上面镌刻着涂向前元帅亲笔题写的"神头之战纪念碑"七个大字。碑亭上还镌刻着薄一波、陆定一、陈锡联等首长的题词。碑亭周围松柏环绕，绿树成荫，花草拱卫，庄严肃穆。"神头歼敌名垂史册，英烈浩气光照千秋"。今天的神头人正在革命先烈精神的激励下，为建设现代化的农村奋力拼搏着。

据险扼要首战平型关

◎器械者，因时变而制宜适也。——《淮南子·汜论训》

> 林彪（1907—1971年），军事家，共和国元帅。1925年参加中国共产党。在井冈山革命战争时期先后任营长、团长、军长、军团长等职。参加了红军长征。抗日战争时期任八路军一一五师师长。解放战争时期任东北野战军司令员等职，指挥了辽沈、平津等重大战役。新中国成立后历任国防委员会副主席、国防部长、中央军委副主席等职。

平型关战役发生于1937年9月中旬，由于沿平绥路西进的侵华日军占领大同后，分兵两路向雁门关、平型关一线进攻，企图进逼太原。为了配合友军作战，阻挡日军的攻势，八路军第115师在师长林彪、副师长聂荣臻指挥下，奉命开抵平型关地区集结待机。

平型关位于山西省东北部，是晋东北的一个咽喉要道，两侧峰峦迭起，陡峭险峻，左侧有东跑池、老爷庙等制高点，右侧是白崖台等山岭。在关前，是一条由西南向东北延伸的狭窄沟道，是伏击歼敌的理想地。2日，日军第五师团第21旅团一部，由灵丘向平型关进犯，并占领东跑池地区。23日，115师决心抓住日军骄横、疏于戒备的弱点，利用平型关东北的有利地形，以伏击手段歼敌，并召开连以上干部会议，进行深入的战斗动员。24日深夜，115师利用暗夜和暴雨，秘密进入白崖台等预置好的战斗阵地。25日拂晓，日军第五师团第21旅后续部队乘汽车100余辆，附辎重大车200余辆，沿灵丘—平型关公路由东向西开进。7时许，该部全部进入第115师预伏阵地。第115师抓住战机，立即命令全线开火，并乘敌陷于混乱之际，适时发起冲击。115师一部歼敌先头，阻其沿公路南窜之路；一部分割包围日军后尾部队，断其退路；一部冲过公路迅速抢占老爷庙及其以北高地；一部阻断先期占领东跑池的日军回援；一部阻断日军第五师团派出的增援部队。经过激烈战斗，全歼被围日军，大获全胜。

此战，取得重大战果。八路军115师共击毙日军1000余人，击毁汽车100余辆，马车200余辆，缴获步枪1000余支，机枪20余挺，火炮一门，以及大批军用物资，取得了全国抗战开始以来中国军队的第一个大胜利。

八路军靠灵活机动的战术，因地制宜，取得了平型关大捷。虽然其战斗规模不及正面战场的忻口会战、台儿庄大战等重大战役，但对当时抗战局势和以后的抗战形势的发展却产生了深远的影响。平型关大捷在中国抗日战争史上占有重要的历史地位，具有重大的历史意义。

◎故事感悟

八路军采取灵动、变通的战术，充分利用地势，坚持因地制宜的思想，击溃日本侵略者。平型关大捷打破了日军不可战胜的神话，有力地批驳了当时国内亲日派散布的"亡国论"，也使华北抗战局势得以初步稳定。

◎史海撷英

九一三事件

九一三事件又称"林彪叛逃事件"。1969年，中共九大通过的党章明文规定：林彪是副统帅，是毛泽东的接班人。1970年，林彪加紧进行"抢班夺权"的罪恶活动。在中共九届二中全会上，林彪企图攫取国家主席的位子，最终失败。林彪反革命集团策动武装政变阴谋败露后，于1971年9月13日乘飞机外逃叛国，途中机毁人亡。

九一三事件的发生，促使更多的干部和群众从个人崇拜的狂热中觉醒，客观上宣告"文化大革命"的理论和实践的破产。

◎文苑拾萃

抗战胜利纪念堂

　　抗战胜利纪念堂位于云南省昆明市中心，现昆明人称之为"胜利堂"。是全国重点文物保护单位。

　　胜利堂建在原云贵总督府的旧址上，1944年动工兴建，最初名为"志公堂"，随后改为"中山纪念堂"，1946年落成时改为"抗战胜利纪念堂"。抗战胜利纪念堂的建筑形式除观众厅为弧形山墙外，采用传统的歇山顶筒板瓦屋顶，清式斗拱，彩画架枋，白石勾栏，具有浓郁的民族风格。胜利堂的周围布局也做了改造，鸟瞰整体呈一高脚酒杯形状，气势壮观而恢宏。两侧的弧形道路云瑞东路和云瑞西路即为杯壁，北边的云瑞北路为杯口。清代云贵总督署的照壁所在地建成椭圆形的云瑞公园作为底座。胜利堂的整体建筑艺术可谓昆明近代建筑艺术的典范。

刘伯温实事求是作评判

◎我们每个人都应该秉承"实事求是"的精神,摒弃形式主义,脚踏实地地做好自己的本职工作。——格言

刘伯温(1311—1375年),字伯温,谥曰文成。汉族,温州文成县南田人(旧属青田县)。故时人称他刘青田,明洪武三年封诚意伯,人们又称他刘诚意。武宗正德九年被追赠太师,谥文成,后人又称他刘文成、文成公。元末明初军事家、政治家及诗人,通经史、晓天文、精兵法。他以辅佐朱元璋完成帝业、开创明朝并尽力保持国家的安定而驰名天下,被后人比作为诸葛武侯。朱元璋多次称刘伯温为:"吾之子房也。"在文学史上,刘伯温与宋濂、高启并称"明初诗文三大家"。

有一次,朱元璋想把老丞相李善长撤换掉,就去征求刘伯温的意见。刘伯温一听,连忙说:"不好,不好,善长是开国的功臣,跟随陛下数十年,在大臣中很有威望,能够调和排解大家的矛盾和纠纷,我认为现在不能撤换他。"

朱元璋吃惊地说:"善长嫉妒您的声望,多次在背后陷害您。朕以为您一定会同意罢他的官。没想到,您还要为他辩护。"

刘伯温诚恳地说:"善长貌似宽和,实际上胸怀狭隘,这的确是他的大毛病。但是丞相这个职务,是国家的梁柱,如果要掉换,必须找到真正合适的人才。如果用一根小木头来换大梁柱,那么立刻就会折断倒塌的。善长虽有缺点,但目前确实还没有比他更合适的人选。"

朱元璋心里不以为然,可嘴里没再说什么。过了些日子,朱元璋又把刘伯温叫去说:"朕想来想去,还是觉得李善长不行,必须撤换。您一定要替我考虑一下谁合适。您看,杨宪这个人怎么样?"

　　杨宪和刘伯温志趣相投，大家都知道他们是关系很好的朋友。朱元璋想，这回刘伯温准会赞成了吧。

　　没想到刘伯温却说："杨宪博学多识，正直无私，的确具备做丞相的才干。但是，杨宪器量比较小，对别人的缺点不能容忍。所以，他没有做丞相的胸怀和气度。一个丞相，他的内心应该像水一样平正、宽宏；处理事情要从全盘和大局来考虑，决不能掺杂个人的感情。我看杨宪做不到这些。"

　　朱元璋没想到刘伯温能够这样实事求是、毫无私心地评价自己的好友，心里很佩服。他又问："您再看汪广洋合不合适？"

　　刘伯温毫不犹豫地说："他的偏执和浅薄比杨宪更厉害，却没有杨宪的公正无私。"

　　"那么胡惟庸又怎么样呢？"朱元璋见刘伯温把自己看中的人都否了，有点儿不甘心，准备把最后一张王牌抛出来。

　　这胡惟庸是个野心很大的人，他表面上忠诚效力，办事果断，实际上虚伪、阴险。由于得到朱元璋的信任，他的地位节节上升，在当时的朝廷上很有权势，谁也不敢得罪他。那些趋炎附势，想升官发财的人大都跑去向他献媚。

　　刘伯温可不管这一套，他早就看出胡惟庸这人不地道。现在一听朱元璋要让他当丞相，立刻站起来说："万万不可拜他为相！打个比方说，国家就像一辆车，丞相就像驾辕的马。如果让杨、汪等人来担这个责任，只不过是跑得不稳，或者跑不动罢了。可要是让胡惟庸来的话，就会折断车辕，翻倒大车的。所以，这是绝对不行的。"

　　朱元璋笑了笑说："其实，谁也比不上先生您最合适。"

　　"陛下过奖了，臣和杨宪一样，疾恶如仇，得罪人太多；而且臣的性格懒散，不习惯做细致繁重的公务。一旦拜相，肯定会辜负陛下的厚望。依我看，换相的事要从长计议。天下人才很多，只要陛下虚心求贤，总会发现最合适的人选。眼下，如果让臣说实话，的确是没有一个大臣能够胜任丞相之职。"

　　朱元璋见刘伯温一连驳了自己好几个想法，心中着实有点儿不高兴。可是，刘伯温讲得有根有据，又都是出于公心，毫无私心杂念。自己一下子也

说不出什么反对意见，只好忍了下来。

但是没过多久，朱元璋还是罢了李善长的相位，任命胡惟庸为左丞相，汪广洋为右丞相。刘伯温知道以后，摇头叹气说："要是我的预测不应验的话，那就是天下百姓的福气了！"

胡、汪二人做丞相后，既嫌刘伯温妨碍他们的野心，又怀恨刘伯温说过他们的坏话，就联合起来害死了刘伯温。后来，汪广洋因玩忽职守被撤职；胡惟庸阴谋造反篡权，被全家抄斩。刘伯温的预测果然都应验了。这时，朱元璋才相信刘伯温原先的分析的确是实事求是、很有远见的。

◎故事感悟

刘伯温不仅克服了外来的压力，而且克服了自己内心感情的障碍。面对自己的亲朋好友，能否实事求是地做出判断和评价，这也是需要有一番勇气的。

◎史海撷英

刘伯温助明开国

1360年，刘伯温被朱元璋请至应天（今南京）任谋臣，便展现出非常成功的兵法家的才能。刘伯温针对当时形势，向朱元璋提出避免两线作战、各个击破建议，被采纳。刘伯温并建议朱一方面脱离"小明王"韩林儿自立势力，却另一方面以"大明"为国号来招揽天下义师的民心。1367年，参与制定朱元璋的灭元方略，并得以实现。他参与军机八年，筹划全局。1370年，为嘉勉刘伯温的功劳，授命刘伯温为弘文馆学士。十一月朱元璋大封功臣，本想封刘伯温为丞相，但刘伯温一再推脱，只好作罢。这并不是刘伯温的客气，而是他明白自己的正直会遭其他为官者的排挤。因此申请还乡。朱元璋授命他为开国翊运守正文臣、资善大夫、上护军，并封为诚意伯。刘伯温的功劳对于明朝来说可以说是最大的，但每年俸禄只有240石。

◎文苑拾萃

次韵和石末公感兴见寄

（明）刘伯温

使君学术似文翁，奕世流芳缉武功。

赤芾青衿来燕喜，黄童白叟望车攻。

笔端波浪翻三峡，旗尾龙蛇动八风。

惭愧谫才多谬误，忧时独有此心同。

史弼实事求是讲"良心"

◎因时因地制宜，乃行万事之匙。——格言

史弼（生卒年不详），字公谦，东汉考城人，故里在今民权县城关镇史村铺村。少年好学，节操高尚。后出任州郡，征辟公府，累迁北军中侯、尚书、平原相、河东太守。为官上不谀，下不欺，疾恶如仇。曾向汉桓帝请求在朝廷上揭发桓帝之弟刘悝的行为不法，对那些依仗权势、凭借关系跑官要官的人，史弼则怒不可遏，曾命差役痛打一名拿着宦官侯览条子让举为孝廉的人，因此获罪，被处死刑。郡人变卖寺邸向侯览行贿，才使史弼免于死罪。刑满以后，史弼回到故乡，称病不出。朝廷大臣多次推荐史弼，认为史弼有治理国家的大才，可以做宰相。后来，朝廷任史弼为议郎。光和年间，外放史弼为彭城相，尚未到任，患病去世。

165年，汉桓帝下令在全国搜捕党人，并宣布：举报党人有功者受赏，敢包庇、窝藏党人的都与党人同罪。

那么，"党人"到底是些什么人呢？

原来，汉桓帝的时候，宦官把持朝政，把天下搞得一团糟。于是一些正直的大臣和名士（著名文人）就联合起来反对宦官，而且严厉地批评朝政。这些人大都是些品德好、才学高，很有威望的人，他们一说话，天下的读书人就都起来响应。这一下，宦官们害怕了，他们诬蔑这些人结党营私，想要夺权谋反，要求汉桓帝把这些结为叛党的人都抓起来。

汉桓帝昏庸无能，宦官们怎么说，他就怎么做。他立刻下了一道诏书，命令对党人进行大搜捕。这道诏令一下，全国上下顿时充满了恐怖的气氛，到处都在抓人，各地的监狱都人满为患。许多卑鄙无耻的小人也都想借着这个机会发财，报私仇。他们起劲儿地向官府报告，说某某是党人，某某与党人关系密切。许多地方官员本来同情党人，可这时也不敢得罪宦官，只得遵命抓人；有的地方就算没有党人，官员们也得抓些平时敢说话的读书人，否则就交不了差。

不过，并不是所有的地方官都昧着良心抓人，平原相（官名）史弼就敢说实话，拒绝执行抓人的命令。

接到第一道逮捕党人的诏令之后，作为平原郡长官的史弼打心眼儿里反对，可是他又不能公开违抗圣旨。于是，史弼把自己的下属召集到一起，对他们说："据我所知，本郡之内一向没有党人活动。也许是因为我孤陋寡闻吧，反正我是没有听说过有什么党人。诸位都是掌管具体事务的官员，不晓得你们可曾见到过本郡有党人活动吗？"

这些官员都很了解史弼，想法也都和史弼的差不多。他们纷纷说："我们也没有听说过本郡有党人活动，大人不妨据实奏报上去。"

史弼一看大家这样齐心，心里很高兴。于是他吩咐手下人写好报告交上去，说平原郡没有党人。

可是，报告送上去后，却不能通过。上司督促抓人的命令接二连三地发下来，语气一次比一次严厉，可史弼每次都按原话回答，坚持说平原郡从来就没有党人。

史弼的态度终于惹恼了上司。当时，平原郡归青州管辖，青州刺史看其他各郡抓到党人的报告都已经交齐，唯独这个平原郡竟敢和自己唱对台戏。刺史大人气得直打哆嗦，他拍着桌案大声说："如果平原郡再不报党人，那平原郡的官吏就是党人，都得给我抓起来！"

说完，刺史就派了一个从事（官名）带着命令到平原郡去，限史弼三天内抓到党人，否则就与党人同罪。

消息传到平原郡，官员们都有点儿害怕起来，纷纷劝史弼想个办法。史弼却泰然自若，他说："没有就是没有，我总不能无中生有，随意把贤士良民诬为党人，那不是犯了欺君之罪吗？"

当天，史弼办完公事刚要退堂，几个官员走上来，对他说："大人，我们有件事，想私下同您谈谈。"

史弼让别的人都退下去，单独留下这几位官员。他们对史弼说："大人，上面派来的那位从事大人就要到了，倘若我们还坚持说没有党人，那全郡的官员都要倒霉了。我们倒没有什么，可您一向体恤百姓，清正廉洁，全郡军民受您恩惠很多，平原郡不能没有您。所以，我们几个商量了一下，打算请您把我们抓起来，反正我们不是真正的党人，到时候总要放出来的。这样，您就可以把上司敷衍过去，全郡的官员们也都不会受苦了。"

史弼听后感动地说："各位的赤诚之心真是感天动地，可我身为百姓的父母官，领受国家的俸禄，如果连真话都不敢说，连自己所了解的部下和百姓都不能保护，那我还有面目做人吗？"

那几位官员仍然坚持说："请大人不要顾虑，我们虽然没有荣幸做真正的党人，但也一向同情他们，多少都与他们有过来往。我们听说现在狱中的党人多数都是自首入狱的，连度辽将军皇甫规都因为自己没被当成党人抓进去而感到害臊，难道我们几个就不能为全郡军民而去自首吗？请大人务必成全我们！"

史弼说："各位的美意，我心领了，可是史弼决不会做此不诚、不仁之事！大家不要再说了！"

当天晚上，史弼把家里人叫到一起，告诉他们自己决心已经下定，可能会为此坐牢，嘱咐他们要做好吃苦的准备。

第二天，刺史派来的那位官员到了郡里，他把史弼传去，责问党人为何还没抓到。史弼说："郡内大小官员已经做过彻底的清查，平原郡确实没有党人。"

从事气呼呼地说："你还敢抗命，告诉你，青州六郡，其他五个郡都有党人，难道偏偏你这平原郡没有党人吗？"

史弼从容地答道："大人，我听说先王划分州郡时，就是根据各地水土、风俗、民情的不同来划分的。每一地方都有其特殊的情况，怎么能根据别的郡有党人，就断定平原郡也一定有呢？要是按这个道理来定罪，那平原郡家家户户都是党人了！"

从事辩不过史弼，恼羞成怒地说："你不要仗着利口狡辩，到时候抓不来党人，就拿你定罪！"

过了会儿，从事又把语气缓了缓说："你要是知趣的话，就抓些人来交差。不然的话，可别怪我不讲情面。"

史弼冷笑一声说："如果为了讨好上司，献媚请赏，我早就抓出党人来了！可我史弼天生不会说谎，诬陷好人！如果说严守职责、据实奏报也要定罪的话，那就请定我的罪，反正党人我是抓不出来！"

从事又问平原郡的其他官员，他们也和史弼说的一样。从事一怒之下，把史弼和其他官员都抓了起来。

囚车离开平原郡的那天，郡里的士绅、百姓们都来送行，大家流着泪，一直送出几十里地才回来。

后来，汉桓帝在一些大臣的请求下，从宽赦免党人。平原郡的官员也被释放。而史弼因为得罪了上司，还是被定了个罪名，扣了他一年的俸禄。

◎故事感悟

史弼的行为令我们振奋。以常人的眼光来看，他们的诚实和刚直不免带点儿"傻气"，可如果没有这样一点点"傻气"，我们的生活中还有什么正义和真诚可言呢？

◎史海撷英

党锢之祸

东汉末年，士人批评时政；太学生则在太学中进行反宦官政治的组织和宣传，一时间清议之风盛行，再加上中下级官吏的声援，遂掀起了一个不小的反对宦官政治的浪潮。宦官的反攻，一天比一天凶猛，于是形成党锢之祸。

党锢之祸，始于李膺入狱。当时有术士张成深得桓帝及宦官信赖，他仗势教子杀人，被李膺查获，正法偿命。于是天子震怒，逮捕李膺等党人200余人。外戚窦武和太学生为此上书皇帝，为所谓党人者诉冤。于是约200余党人遂得赦免，放归田里，禁锢终身。虽然如此，天下士大夫都称颂党人而不支持朝廷。

桓帝死，灵帝立，胜利的宦官威权更大。跟着而来的是宦官对士大夫的大屠杀。建宁二年（169年），大兴党狱，李膺、杜密、荀昱等人，俱被诬杀，妻子发配边疆。天下豪杰及仁厚学有义行者，也被宦官指为党人，六七百人因此或受刑致死或免官或发配。直至黄巾起义后，东汉政府为了对付更可怕的敌人，才下令解除党禁。

◎文苑拾萃

白头吟

佚名

皑如山上雪，皎若云间月。

闻君有两意，故来相决绝。

今日斗酒会，明旦沟水头。

躞蹀御沟上，沟水东西流。

凄凄复凄凄，嫁娶不须啼。

愿得一心人，白头不相离。

竹竿何袅袅，鱼尾何簁簁。

男儿重意气，何用钱刀为！